IRON CROWS
아이언 크로즈

아이언 크로즈 Iron Crows
배들의 무덤, 치타공의 철까마귀

초판 1쇄 인쇄 2017년 7월 5일 ＼**초판 1쇄 발행** 2017년 7월 15일
원작 박봉남 ＼**그린이** 김예신 ＼**펴낸이** 이영선 ＼**편집 이사** 강영선 ＼**주간** 김선정 ＼**편집장** 김문정
편집 임경훈 김종훈 하선정 유선 ＼**디자인** 김회량 정경아
마케팅 김일신 이호석 김연수 ＼**관리** 박정래 손미경 김동욱

펴낸곳 서해문집 ＼**출판등록** 1989년 3월 16일(제406-2005-000047호)
주소 경기도 파주시 광인사길 217(파주출판도시) ＼**전화** (031)955-7470 ＼**팩스** (031)955-7469
홈페이지 www.booksea.co.kr ＼**이메일** shmj21@hanmail.net

김예신 박봉남 © 2017
ISBN 978-89-7483-866-9 03300
값 15,000원

이 도서의 국립중앙도서관 출판시도서목록(CIP)은 e-CIP 홈페이지(http://www.nl.go.kr/ecip)에서
이용하실 수 있습니다.(CIP제어번호: CIPCIP2017014824)

IRON CROWS
아이언 크로즈
배들의 무덤, 치타공의 철까마귀

박봉남 원작 | 김예신 그림

서해문집

1

그들을 만나고 10년의 시간이 흘렀다.

치타공 해변을 처음 목격했던 그 순간의 느낌이 지금도 선연하다. 갯벌 위에 유령처럼 서 있던 수많은 폐선박들, 기름을 태우는 연기와 폐기물로 뒤덮인 작업장, 노동자들의 쩍쩍 갈라진 맨발과 어깨에 깊이 팬 상처… 그 풍경은 참혹했고 강렬했다.

다큐멘터리 촬영을 위해 '배들의 무덤'에 들어간 나는 노동자들과 오랜 시간을 보냈다. 하루 1~2달러의 저임금, 한 해에 20여 명의 노동자들이 사고로 죽어가는 곳이었다.

그곳에는 비밀처럼 떠도는 소문이 많았다. 누구는 쇳조각이 뇌를 관통해서 죽었고, 누구는 가스통이 폭발해서 시신도 못 찾았고, 누구는 1톤짜리 철판을 나르다가 발목이 잘렸다는 이야기.

나 역시 두 번이나 죽을 뻔한 위기를 넘겼으니, 그곳은 '산 자들의 무덤'이기도 했다.

러픽, 벨랄, 악달, 알람… 그곳에서 만난 노동자들을 기억한다. 숙련공 러픽은 늘그막에 아들을 얻었고, 수줍은 미소로 본인이 장가를 갔다는 고백을 했던 벨랄은 지금도 치타공에서 살고 있다. 유난히 자부심이 강했던 악달은 이제 고향으로 돌아갔고, 몇몇 노동자들은 폭발 사고로 목숨을 잃었다.

그곳을 떠나오기 전 그들에게 이런 말을 했었다.

"당신들은 어쩌면 평생 이 가난에서 벗어나지 못할지도 모른다. 하지만 너무 슬퍼하지 말라. 적어도 당신 자식들은 아비의 삶을 기억할 것이니. 당신들은 최고의 노동자들이기 때문이다."

이 그래픽노블은 나의 다큐멘터리 영화 〈Iron Crows(철까마귀)〉를 바탕으로 만들어졌다. 다큐멘터리가 만들어질 수 있도록 길을 놓아준 강경란 선배와, 오랜 기간 이 그래픽노블에 매달린 김예신 작가에게 특별한 고마움을 전한다.

시간이 흐른 뒤에도 누군가 그들을 기억해주었으면 하는 바람이다.

이름 없는 이들이었으나 최고의 노동자였다고.

_〈Iron Crows〉 감독, 박봉남

기억하라,
이름 없는
이들이었으되

최고의
노동자였다고

2

2013년 봄, 방글라데시의 수도 다카 인근의 8층짜리 의류 공장이 무너져 내렸다. 부패한 건물주와 부실한 공사, 열악한 노동 환경이 만들어낸 최악의 건물 붕괴 사고였다. 이 사고로 인해 1천 명이 넘는 노동자가 사망했다.

나는 사고 이튿날 다카에 도착했다. 다큐멘터리 영화 〈Iron Crows〉의 후일담을 취재한 후 그래픽노블에 담기 위함이었다. 사방에서 사망자 숫자가 갱신되는 뉴스가 들려왔지만 다카의 노동자들에겐 애도할 여유조차 허락되지 않았다. 도로는 끓는 아스팔트 위를 맨발로 누비는 인력거꾼들로 가득했고, 도로변엔 여인들이 쪼그려 앉아 벽돌을 깨고 있었다. 나는 이 모든 광경을 뒤로 한 채 항구도시 치타공으로 향했다.

고층 빌딩 대신 우뚝 솟아 있는 녹슨 대형 선박. 연기를 타고 코를 찌르는 기름 끓는 냄새. 가파르게 솟은 철판에 맨몸으로 위태로이 붙어 있는 노동자들의 육체. 다카의 풍경이 참혹한 현실이었다면, 치타공의 풍경은 비현실에 가까웠다. 이곳에서 많은 노동자를 만났다. 그들은 여전히 목숨을 내던지며 일했고, 여전히 가난했다. 이토록 힘들고 위험한 노동을 어떻게 견뎌내느냐 물었을 때 그들은 모두 같은 대답을 했다.

"이 일은 신이 주신 선물이고, 이것이 우리의 운명이다"라고.

나는 이 대답을 듣고 이들의 삶이 순응적이고 체념적이라 생각했다. 그러나 맨몸으로 높이 25미터, 길이 300미터에 달하는 쇳덩이를 부수고, 자르고, 녹여내는 노동자들의 모습을 보고는 생각을 바꿀 수밖에 없었다. 초대형 선박을 해체하는 것. 이것이 이들에겐 빈곤을 벗어나기 위한 최대한의 투쟁이자, 운명을 향한 목숨 건 저항이었다.

그래픽노블 《아이언 크로즈》는 노동에 관한 이야기다.

땀과 기름이 뒤섞이고, 살과 쇠가 부딪히고, 삶과 죽음이 교차하는 현장을 생생히 담아내기 위해 적지 않은 시간을 작품에 매달렸다. 그러나 이제 와 돌아보니, 그 현장을 지면에 그대로 담아내려는 시도는 욕심이었다는 생각이 든다. 다만 이 작품이 온몸으로 운명에 저항해온 모든 이름 없는 노동자들을 향한 헌사로 남기를 바랄 뿐이다.

부족한 작가에게 과분한 기회를 주신 박봉남 감독님, 기획 단계부터 많은 도움을 주시고 오랜 기간 믿고 기다려주신 서해문집 식구들, 현지에서 모든 순간 친형제처럼 도와준 무나 씨와 산치타, 그리고 머나먼 타국에서 불쑥 찾아온 불청객을 손님이자 친구로 맞이해준 치타공의 모든 노동자들.

고맙습니다.

_쓰고 그린 이, 김예신

사이클론이 닥쳐왔어!

사이클론이 지나간 후 마을 사람들은 해변으로 나가봤지.

그랬더니 거기에 거대한 배 한 척이 좌초해 있는 거야.

사람들은 생각했어. '이 배에는 악마가 있다!'

'이 배에는 죽음이 도사리고 있을 거야!'라고.

그때 누군가 외쳤어. "저 배를 우리가 나눠 쓰자!"

그 한마디에 마을 사람들이 배를 향해 달려갔지.

그때부터 이곳 치타공에서 배를 해체하기 시작한 거야.

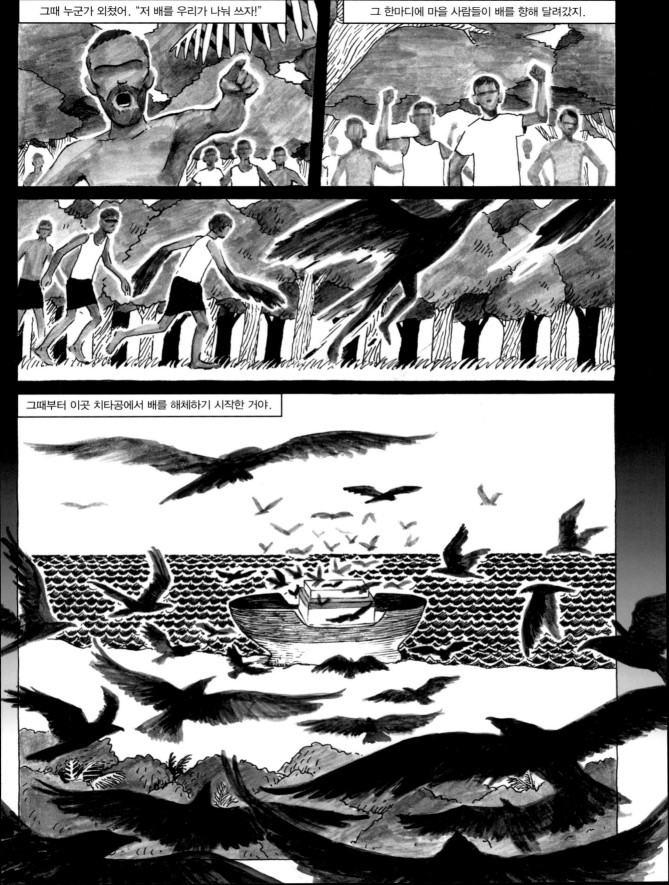

치타공으로

2008년 여름

허름한 건물들 사이로
높이 솟아 있는 가로수들과

다닥다닥 벵갈어로 쓰인
의미를 알 수 없는 간판들

그리고 결정적으로,
이 수많은 삼륜차와 인력거!

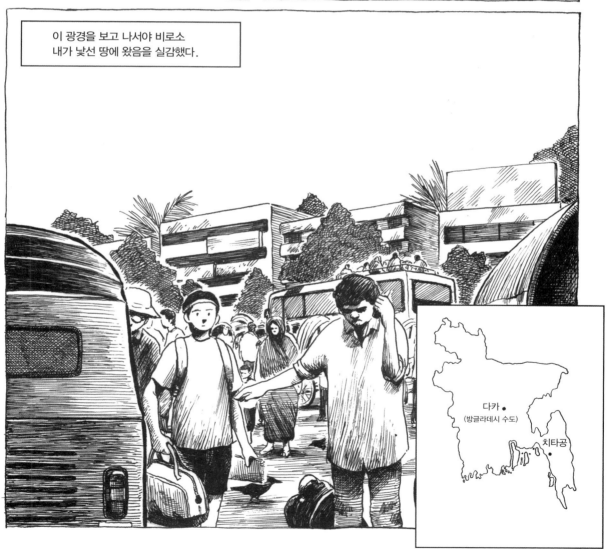

이 광경을 보고 나서야 비로소
내가 낯선 땅에 왔음을 실감했다.

다카 ●
(방글라데시 수도)

치타공 ●

비켜!!

조심하세요.

우리는 현지 가이드인 자히드 무나 씨의 안내로
노동자들의 출근길 트럭에 동승했다.

출근하는 노동자들로 분주한 이곳은 치타공에서 북쪽으로 뻗어 있는 2차선 도로다.

1965년의 그 '우연한 사건'이 없었다면 이들은 어쩌면 지금도 어선을 타고 바다로 향하고 있지 않았을까? 14세기에 이곳을 방문했던 이븐바투타*의 눈에 비친 치타공은 어떤 모습이었을까?

* 아라비아의 여행가(1304~1368?). 모로코에서 태어났다. 아프리카·아라비아·인도를 거쳐 원나라 때 중국에 들어가 대도(大都)까지 약 12만 킬로미터에 달하는 여행 거리를 기록하였다. 저서에 여행기《도회의 진기함과 여행의 이문(異聞)에 흥미를 가지는 사람들에 대한 선물》이 있다. —표준국어대사전

잠시 딴생각을 하는 사이 중앙선을 넘어온
화물차가 위협적으로 스쳐간다.

길이 좁고 차가 많은 이곳에서는
늘 일어나는 일이다.

치타공 시내에서 출발한 지 15분쯤 되었을까?

왼편으로 보이는 작은 어촌 마을을 지나자
'선박해체소(Ship breaking yard)'라고 쓰인
입간판들이 보이기 시작한다.

그리고 그 간판 사이 좁은 길 끝에 우리의
목적지인 'PHP선박해체소'가 자리 잡고 있다.

'PHP'라는 다소 특이한 이름의 선박해체소.

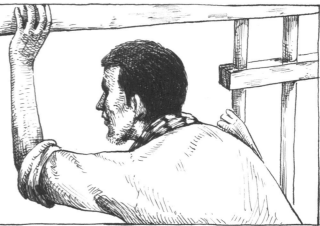

예상했던 대로 출입은 엄격하게
통제되고 있었다.

허락 없이는 어떠한 카메라나 휴대전화도
가지고 들어갈 수 없다.

경비원들에게 전화로 출입을 허가받았음을
확인시켜준 후에야 우리는 비로소 '출입 금지
구역'에 접근할 수 있었다.

컴인

1년의 기다림 끝에 마침내 이곳
노동자의 땅에 들어오게 된 것이다.

절단공 러픽

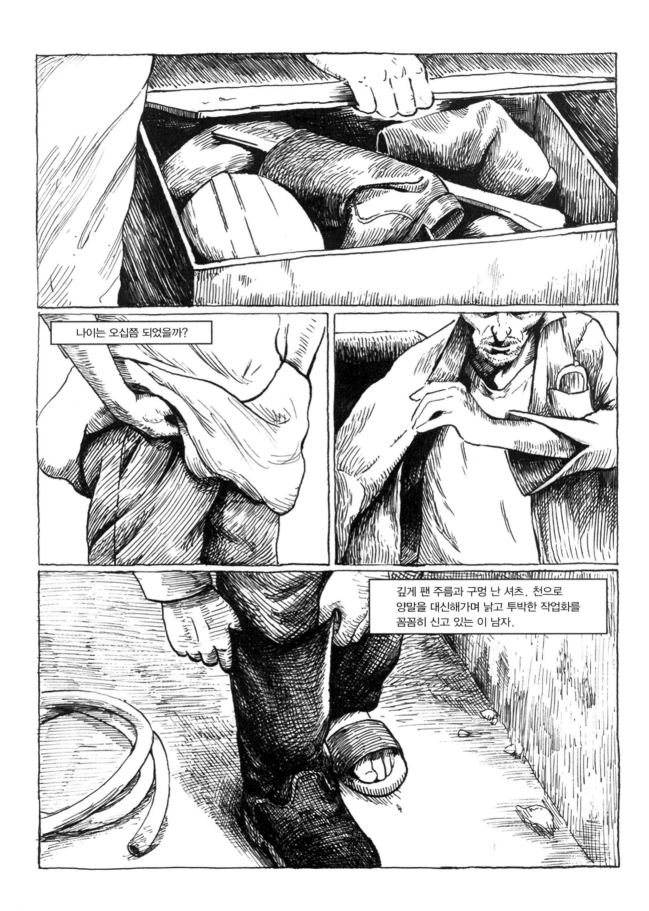

나이는 오십쯤 되었을까?

깊게 팬 주름과 구멍 난 셔츠. 천으로
양말을 대신해가며 낡고 투박한 작업화를
꼼꼼히 신고 있는 이 남자.

씨익 웃는 웃음이 유난히 매력적인 이 남자의
이름은 러픽이다.

어이,
천천히
해-

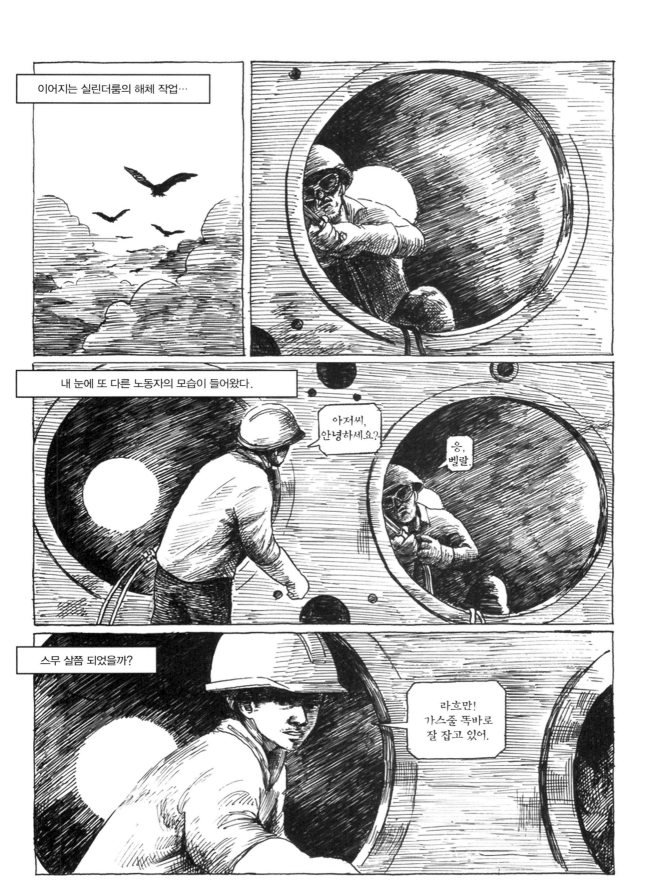

걱정 말고
형이나 기름에
불 붙지 않게
조심해.

러픽 옆에서 나란히 작업을 하고 있는 이 청년.

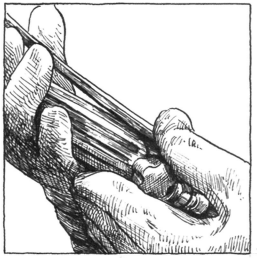

그의 이름은 벨랄이다.

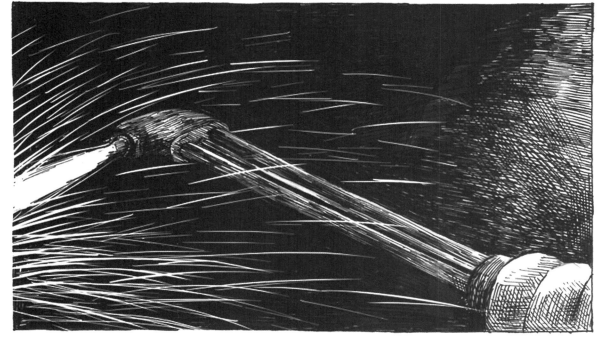

러픽과 벨랄은 절단공이다.

절단 토치(Blow torch)로 선박을 자르는 절단공을 이곳에서는 '가스 커터(Gas cutter)'라 부른다.

아이고,
이놈의 일은
왜 이리 힘들어.

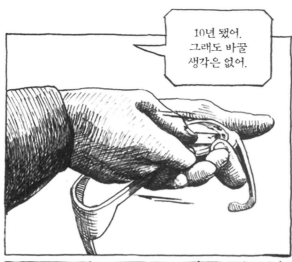

10년 됐어.
그래도 바꿀
생각은 없어.

그럴 돈
있으면 우리
애들 밥을
더 먹여야지.

우리 딸 시집보내려면
지참금도 모아야 해!
이렇게 기름만 잘 긁어내면
10년도 더 쓸 수 있다고.

어이 벨랄,
천천히
쉬어가면서 해!

네,
아저씨!

어린 아이부터 노인까지
수많은 사람들이 돈을 벌기 위해
이곳으로 와.

그들이 여기서 번 돈으로
고향에 있는 가족들이
밥을 먹지. 그들 모두
치타공을 '외국'이라고 불러.
외국에 돈 벌러 가잖아?
똑같은 거야.
그들에겐 치타공이
외국이지…

벨랄 형제

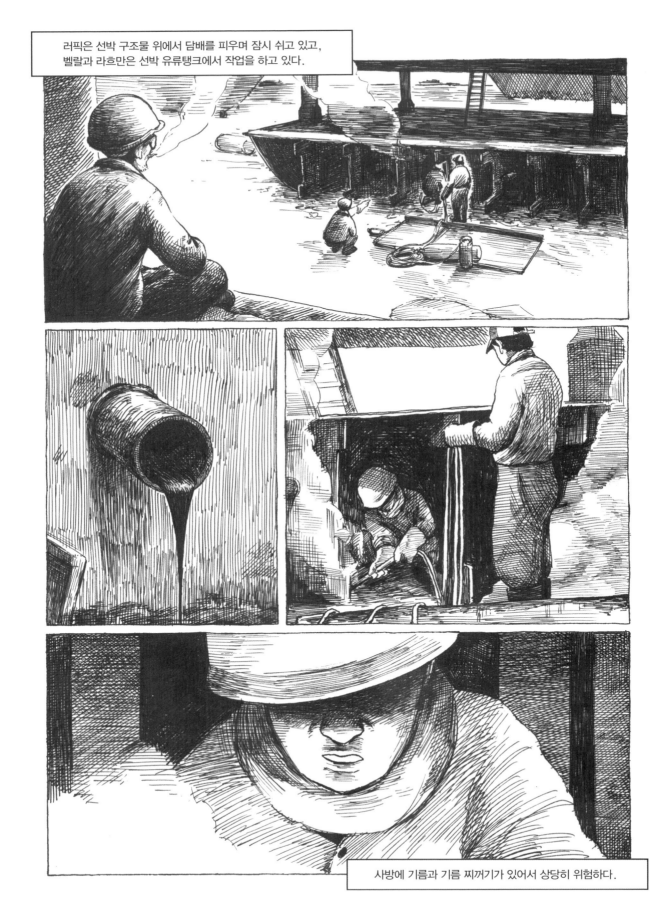

러픽은 선박 구조물 위에서 담배를 피우며 잠시 쉬고 있고,
벨랄과 라흐만은 선박 유류탱크에서 작업을 하고 있다.

사방에 기름과 기름 찌꺼기가 있어서 상당히 위험하다.

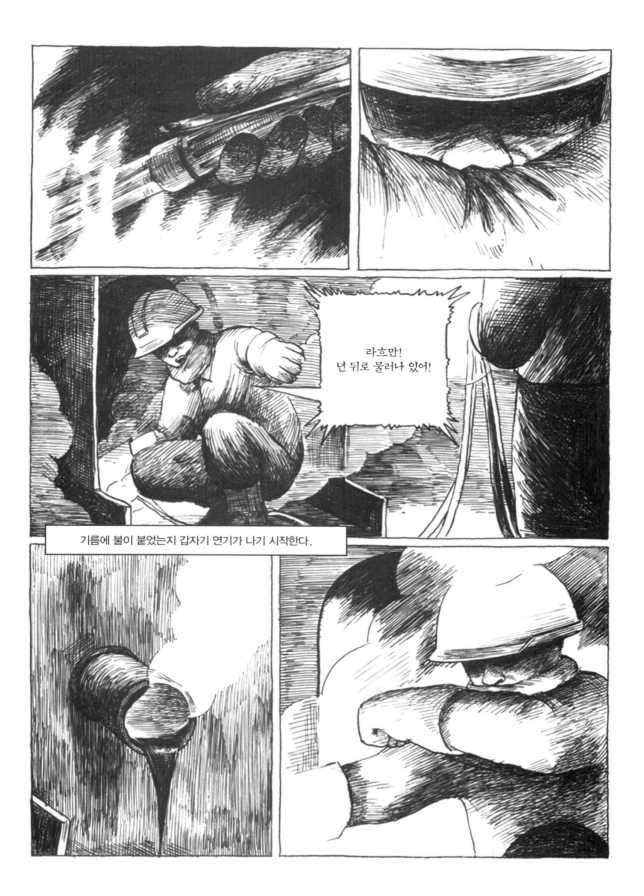

라흐만!
넌 뒤로 물러나 있어!

기름에 불이 붙었는지 갑자기 연기가 나기 시작한다.

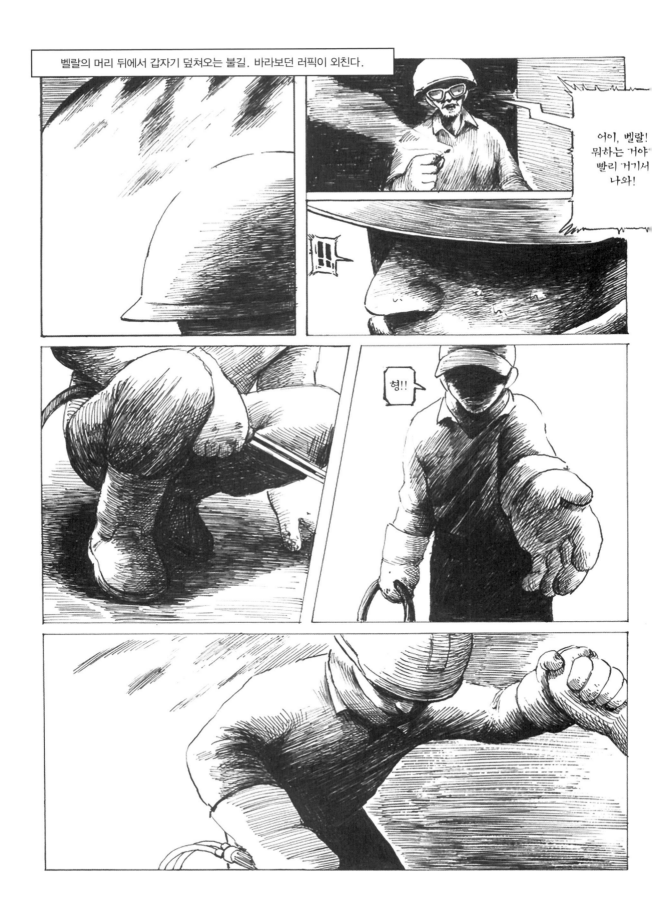

벨랄의 머리 뒤에서 갑자기 덮쳐오는 불길. 바라보던 러픽이 외친다.

어이, 벨랄!
뭐하는 거야
빨리 거기서
나와!

형!!

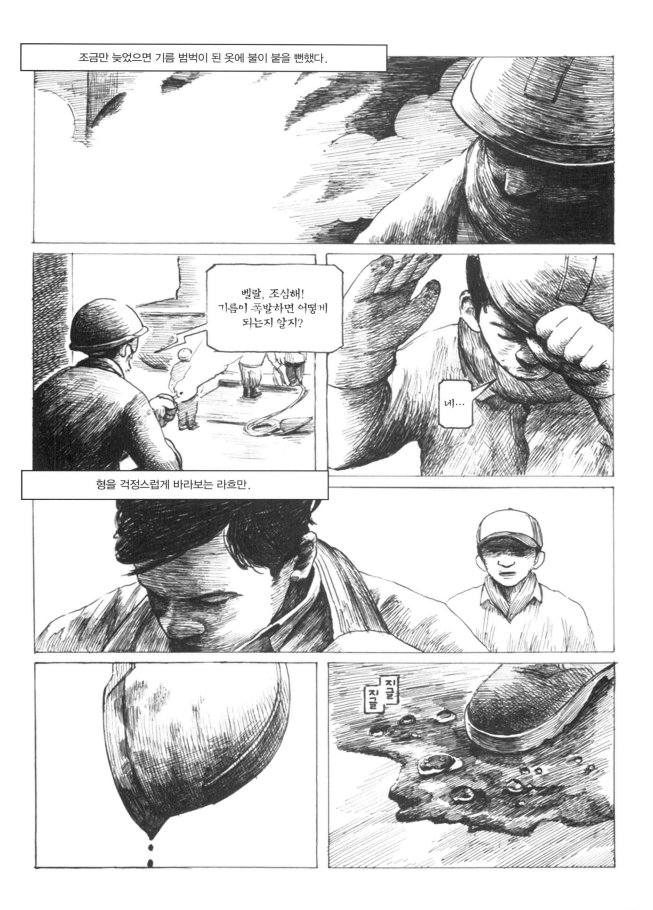

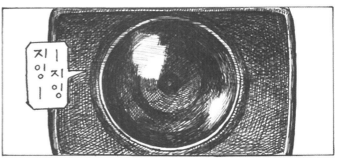

지이잉— —지이잉—

위이잉

뭐, 다른 사람들과 똑같아요.
열두 살에 여기에 왔고…

처음에는
물론 힘들었죠.

지금은 좋아요.
돈 벌어서 고향 집에도
보내고…

애요?
내 동생
라흐만이에요.

초등학교 5학년,
아니 4학년까지
공부했어요. 동생은
열네 살에 처음
이곳에 왔어요.

여기 왔을 때
어리다고 쫓아낼까 봐
동생인 걸 숨기면서
데리고 있었어요.

지금은 제 조수로
같이 일하고 있죠.

이야기를 나누는 동안 나는 그의 모습을
유심히 관찰했다.

결혼요?

아직
안 했어요.

고향에서 사귀던
여자가 있었는데
헤어졌어요.

남루한 작업복 차림이었으나 수줍은 미소와
선한 눈매를 가진 이 청년. 그는 어떤 사연으로
이곳에 온 걸까?…

지금은 다른 남자한테
시집갔어요.

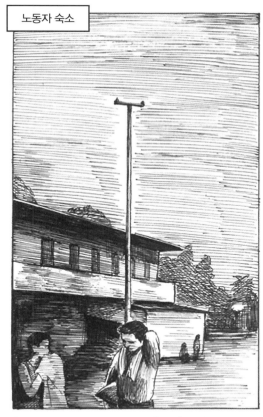

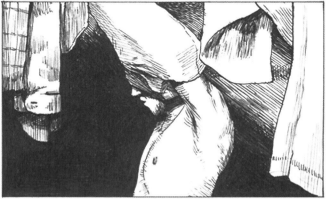

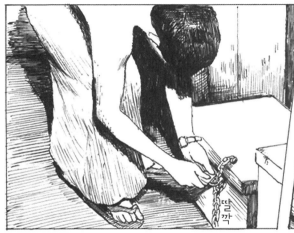

딸깍

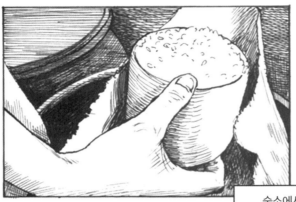

숙소에서 동생과 먹을 식사를 준비하는 벨랄. 솜씨가 제법 능숙하다.

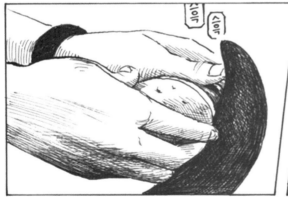

고향에 언제 갈 거냐는 동료의 질문에 말없이 고개를 가로젓는 벨랄.

어이 벨랄,
고향에는 언제
갈 거야?

· · · · · ·

그의 옅은 미소와 슬픈 눈에는 많은 사연이 담겨 있었다.

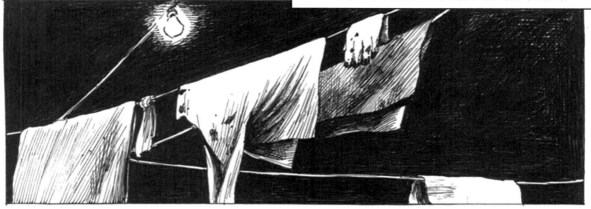

당당한 노동자 악달

이곳에는 유난히 까마귀가 많다. 눈빛이 부리부리한데 눈을
마주치면 시선을 피하지 않고 뚫어지게 쳐다본다.

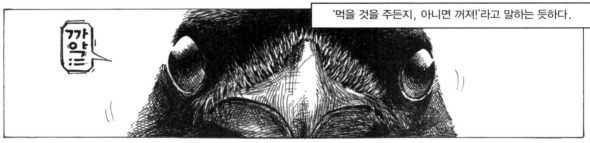

'먹을 것을 주든지, 아니면 꺼져!'라고 말하는 듯하다.

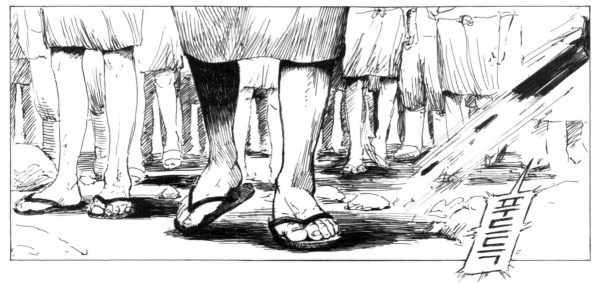

이곳 PHP선박해체소에서 일하는 노동자는 약 200여 명.

일에 따라서 여러 팀으로 나뉘는데, 철판을 절단하는 절단공(Gas cutter), 쇠줄을 끄는 와이어 그룹(Wire group)이 핵심이다.

다 왔지?
출석
부른다!

오스만!

그룹별로 팀을 이끄는 작업반장(Foreman)이 있어서 작업을 지시한다.

헤이!
헤이!

서툰 영어로 말을 걸어오는 이 남자. 영민해 보이는 눈매에 살짝 콧수염을 기른
40대 중반의 이 남자 이름은 악달이다.

헬로,
마이
프렌드!

작업반장
악달이라고
한다.

그는 자신의 작업장으로 우리를 초대했다.

약 200미터가량의 거리. 뱃머리가 뚝 잘려
나간 저 화물선이 악달의 작업장이다.

컴온

우리는 갯벌을 걷기 위해 신발을 벗었고, 악달 덕분에 마침내 이 현장에 발을 딛게 되었다.

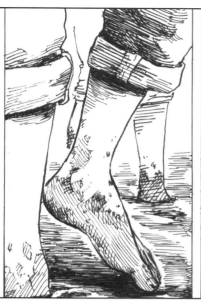

'정말 엄청나군!' 해변에 첫발을 딛은 소감이었다.

끝없이 펼쳐진 너른 갯벌, 그 위로 몸이 뚝뚝 잘려나간
폐선들의 모습은 기괴하면서도 장엄했다.

멀리서 볼 땐 비현실적이기만 하던 폐선의 커다란 무쇠 육체가 가까이 다가서니 비로소 그 육중한 무게감을 드러낸다.

폐선들 사이로 쇠줄을 메고 한 발 한 발 갯벌로 나아가는 노동자들의 모습은 거대하고 정적인 폐선의 모습과 대비되어 묘한 감정을 불러일으켰다.

노동자들의 갈라진 발바닥은 처참했고, 탄탄한 육체는 경이로웠다.

참혹한 풍경이 만들어내는 이 묘한 아름다움이라니….

높다! 가까이 다가가니 선박의 높이가 족히 20미터는 넘는다.

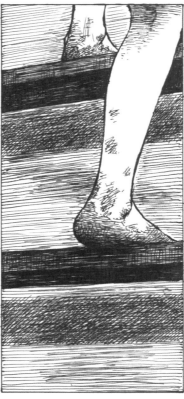

악달의 환대를 받으며 거대한 폐선 위로
올라섰다.

웰컴!
마이 프렌드!

여기가 우리가
일하는 곳이오.

갑판 위 노동자들이 우르르 몰려와 악수를 청한다.

구릿빛 피부와 순박한 미소의 이 노동자들.

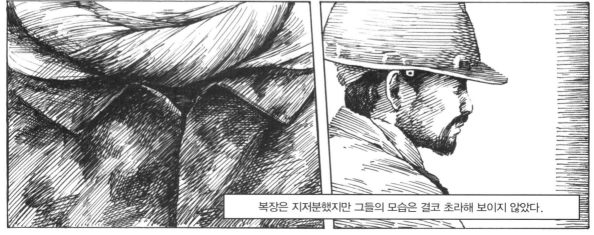

복장은 지저분했지만 그들의 모습은 결코 초라해 보이지 않았다.

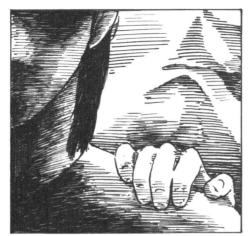

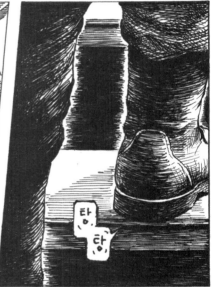

우리는 다시 악달의 안내를 받으며 선박의 가장 높은 곳으로 향했다.

그리고…

세상에서 가장 보기 힘든 장면이 눈앞에 펼쳐졌다.

치타공의 선박해체소…

그곳은 거대한 '배의 무덤'이었다.

2만 톤급의 이 화물선은 두 달째 해체 중이다.

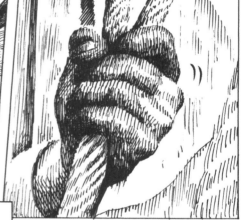

선수 부분은 이미 뚝 잘려나갔고, 갑판 뒤쪽에서는 10여 명의 노동자들이 엔진을 조심스레 꺼내고 있다.

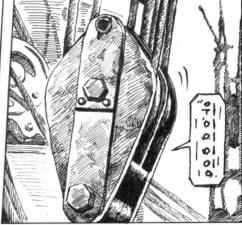

20년간 대양을 누비며 고단한 항해를 했을 이 선박은 이제 심장을 내보이며 가난한 노동자들에게 자신의 최후를 맡기고 있다.

여긴 항상 위험해.
8시간 일하면
8시간 위험하지.

예전에 내가 데리고 있던 조수는
머리 왼쪽에서 오른쪽으로 쇠파이프가
관통한 적이 있어.
작업 중 아래로 추락하면서
파이프에 박힌 거지.

내가 그 녀석 머리를
안고 있었는데 녀석의
머리에서 뇌수가
흘러나오더군.

그 후로 한참 동안은
아무것도 할 수 없어서
일도 못 하고 멍하니
지내야 했어.

그래도 어떡하겠나?
먹고는 살아야지.

이렇게 일하고
얼마나 받나?

난 하루에 120타카,
여기 조수들은
84타카(1달러).

선박 해체 과정

— 비칭

이곳이 온 지 20일, 주변의 풍경이 조금씩 익숙해지기 시작했다.

까악

반갑게 손을 들어 보이는 러픽과 동료들, 여전히 수줍은 미소로 인사하는 벨랄 형제.

오늘은 특별한 작업이 이루어지는 모양이다.

빨리빨리 움직여! 물 들어온다.

빨리 가고 있잖아요!

우리는 대나무를 어깨에 멘 어린 노동자들을 따라서 갯벌로 향했다.

작업은 바닷물이 빠진 갯벌의 끝에서 이루어진다.

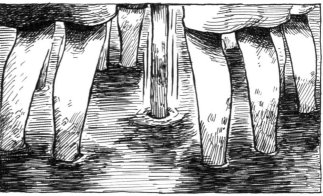

젊은 놈들아~
이게 무슨 일이냐~

형제들이여~
힘껏 박아라~

노동자들은 노동요를 부르며 호흡을 맞춘다.

84

거기, 제대로
안 묶였잖아.
똑바로 묶어!

세게 박아라~
젊은 놈들 어디
갔나~

젊은 놈들 다 죽었나~
똑바로 박아라~

형제들이여~
힘껏 박아라~

젊은 놈들아~
이게 무슨 일이냐~

오늘은 커다란 유조선이 들어와.
힘들지만 기쁘지.
배가 있어야 돈도 벌고
밥도 먹으니까.

대나무 말뚝을 박는 이유는 배가 들어올 위치를 알려주기 위함이다.

수명을 다한 배는 치타공 항구에서 대기하다가 연초가 되면 이곳 해변을 향해 전속력으로 질주한다.

이 작업을 '비칭(Beaching)'이라고 하는데, 최대한 해안 가까이 배를 정박시키는 것이 핵심이다.

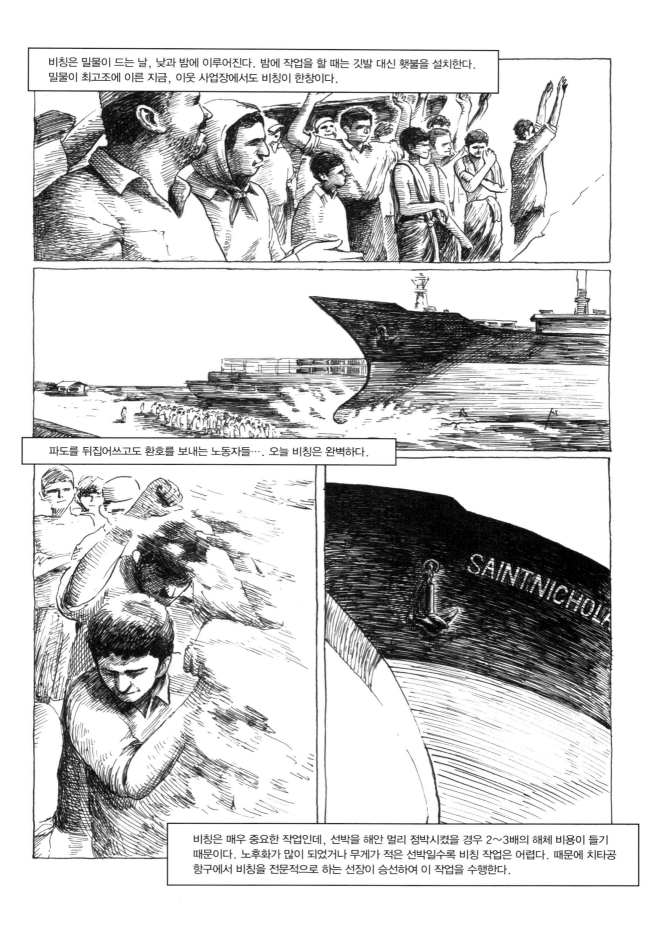

비칭은 밀물이 드는 날, 낮과 밤에 이루어진다. 밤에 작업을 할 때는 깃발 대신 횃불을 설치한다.
밀물이 최고조에 이른 지금, 이웃 사업장에서도 비칭이 한창이다.

파도를 뒤집어쓰고도 환호를 보내는 노동자들…. 오늘 비칭은 완벽하다.

SAINTNICHOLA

비칭은 매우 중요한 작업인데, 선박을 해안 멀리 정박시켰을 경우 2~3배의 해체 비용이 들기
때문이다. 노후화가 많이 되었거나 무게가 적은 선박일수록 비칭 작업은 어렵다. 때문에 치타공
항구에서 비칭을 전문적으로 하는 선장이 승선하여 이 작업을 수행한다.

새로 도착한 이 유조선의 무게는 3만 톤. 대양을 항해할 수 있는 5천 톤급 이상의
배를 대형선박(Vessel)이라 부른다.

선박용 철강은 대개 20년 전후로 수명이 다한다. 대형선박을 개조해 현대화하는 데는
어마어마한 돈이 들기 때문에 수명이 다한 배들은 이곳 치타공으로 매각된다.

한 해 300척 정도의 배가 세계 각지에서 이곳 치타공으로 찾아온다. 그중에는 북한의 선박도 있었다.
이들은 모두 자신의 최후를 맞이하기 위해 마지막 질주를 하는 것이다.

이렇게 이곳으로 찾아온 폐선은 노동자들 손에 의해 해체되고, 해체된 선박은 철강, 가구,
생활용품의 모습으로 방글라데시 전국에 팔려나간다. 이곳 치타공은 선박의 무덤이자
방글라데시의 심장인 셈이다.

어린 노동자들
—와이어 그룹

이곳은 노동자들의 숙소다. 결혼을 하지 않은 청년,
나이 어린 노동자들이 이곳에서 거주한다.

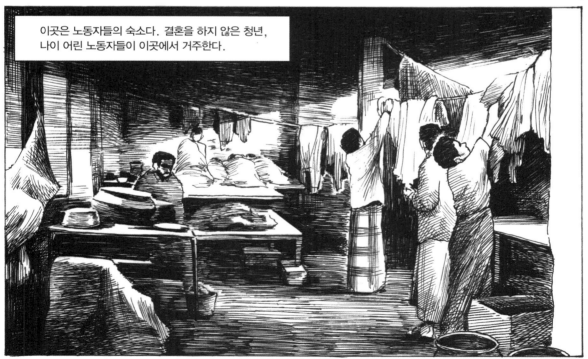

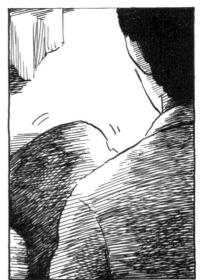

얼른 일어나!
이 잠꾸러기
녀석아!

어이 에고라물,
잠은 잘 잤니?

네.

이른 아침, 관리자들이 어린 노동자를
모아놓고 출석을 부른다.

다들
나왔지?

출석 부른다!
돈주!

네.

네.

에그라믈!
오늘은 빨리 나왔네.

그 다음…
어디 보자…

사이플!
사이플 이 녀석
또 안 나왔지?

저 녀석 마침 나오네!
빨리 와,
이 녀석아!

여기요!
지금 가요!

헤헤! 화장실 좀
다녀오느라….

이 어린 노동자들은 쇠줄을 옮기는 와이어 그룹에 속해 있다.
이들은 모두 한 마을 출신으로 항상 한 팀으로 움직인다.

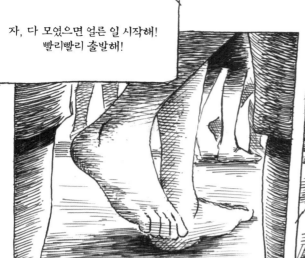

자, 다 모였으면 얼른 일 시작해!
빨리빨리 출발해!

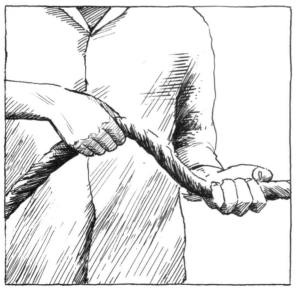

잘 들었지?
출발한다!

툭

어라?!

아직 우기가 시작되지 않았는데 갑자기 빗줄기가 쏟아진다.

소나기다!

싸 ― 아 아 아

이런…

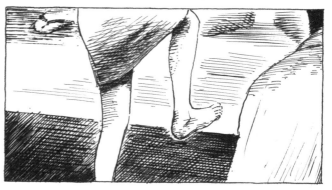

노총각인 알람은 와이어 그룹의 작업반장이다. 같은 동네에 살던 아이들을
이곳으로 데리고 온 장본인이기도 하다.

이거
큰일났네.

투둑

쏟아지던 빗줄기가 금세 약해진다.

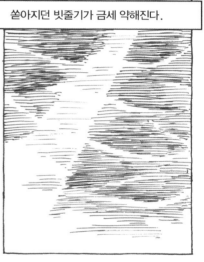

자, 이제 나와서
일 시작해! 이 정도는
비도 아냐!

쇠줄을 끄는 일은 어린 미숙련 노동자들이 주로 맡는다.

특별한 기술이 필요하진 않지만, 원치에서 선박까지 200미터가
넘는 거리를 무거운 쇠줄을 메고 맨발로 걸어야 하는 만만치 않은 작업이다.

야!
천천히 가!
천천히 좀
가라고!

와이어 그룹 중에서도 가장 나이가 어린 꼬마, 에끄라믈. 동네
형들에게 뒤질세라 웬만해선 힘든 내색을 하지 않는다.

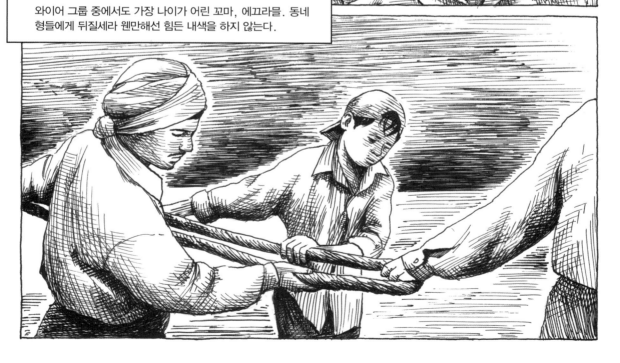

쇠줄을 옮겼으니 이제 '곱빠'라 부르는 도르래를 옮겨야 한다.
다섯 명이 들기에도 만만치 않은 무게다.

철
퍽

어이, 꼬마들!
할 만하냐?
천천히 옮겨!

발이 푹푹 빠지는 갯벌 위를 쇠줄이나 도르래 같은 무거운
물건을 지고 걷는 것은 결코 쉬운 일이 아니다.

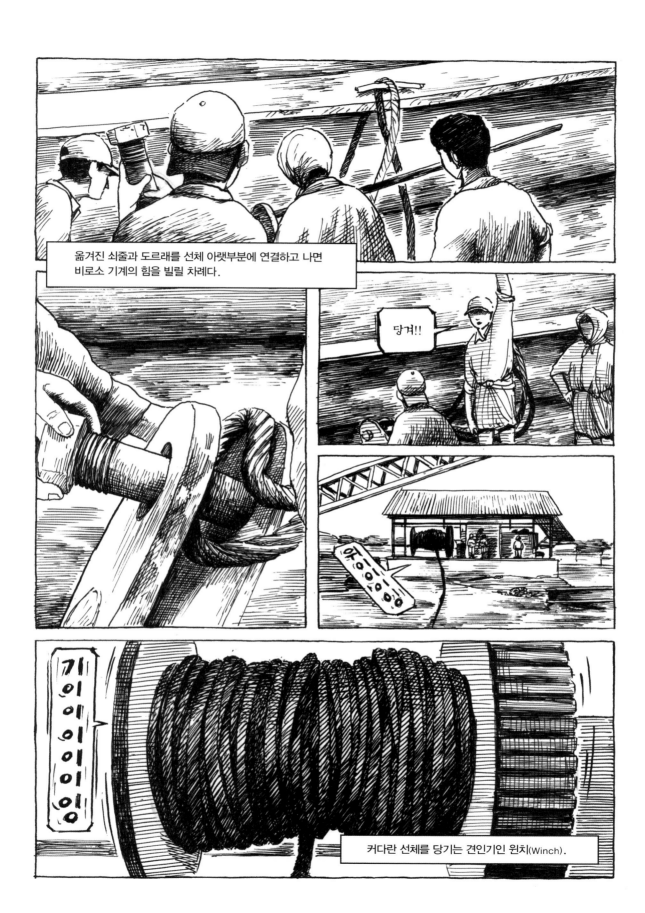

옮겨진 쇠줄과 도르래를 선체 아랫부분에 연결하고 나면 비로소 기계의 힘을 빌릴 차례다.

당겨!!

우이이이이이이잉

끼이이이이이이잉

커다란 선체를 당기는 견인기인 원치(Winch).

모든 작업이 인간의 손으로 이루어지는 이곳에서 윈치는 유일한 기계장치다.

당긴다!
최대한 멀리
떨어져!

끼이이익

쇠줄을 이용해 배를 끌어당기는 일이 매우 단순하고 원시적인 작업으로
보이기도 하겠지만 실제 작업은 상당히 까다롭고 위험하다.

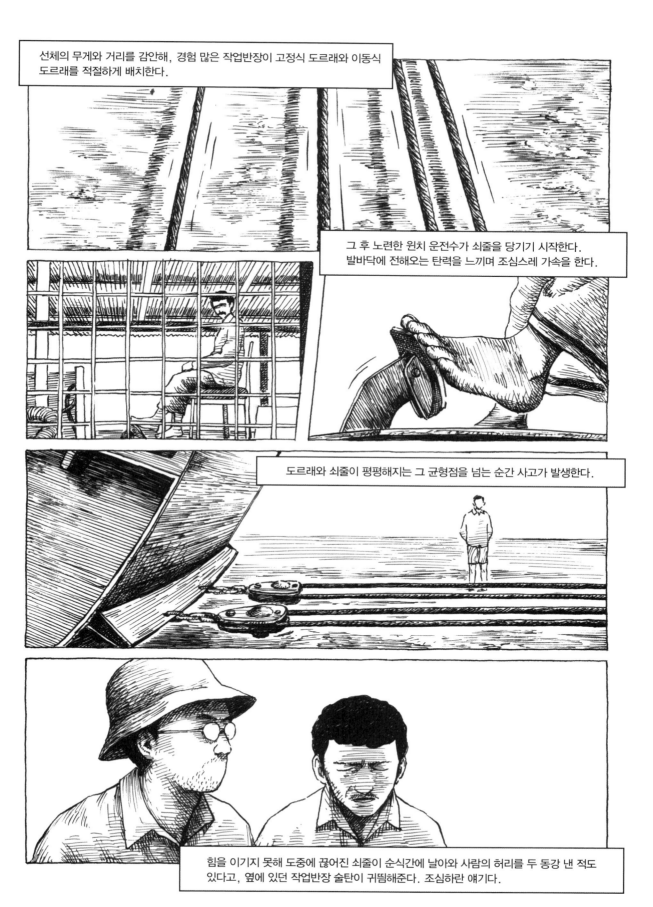

선체의 무게와 거리를 감안해, 경험 많은 작업반장이 고정식 도르래와 이동식 도르래를 적절하게 배치한다.

그 후 노련한 윈치 운전수가 쇠줄을 당기기 시작한다. 발바닥에 전해오는 탄력을 느끼며 조심스레 가속을 한다.

도르래와 쇠줄이 평평해지는 그 균형점을 넘는 순간 사고가 발생한다.

힘을 이기지 못해 도중에 끊어진 쇠줄이 순식간에 날아와 사람의 허리를 두 동강 낸 적도 있다고, 옆에 있던 작업반장 술탄이 귀띔해준다. 조심하란 얘기다.

선박 해체의 핵심 과정은 매우 단순하다.

악달과 팀원들이 선박 위에서 절단기로 선박 일부를 잘라 갯벌에 떨어뜨린다.
너무 무거운 선체는 쇠줄로 당겨서 떨어뜨리기도 한다.

이렇게 갯벌에 떨어진 선체는 와이어 그룹이 쇠줄을 연결해 윈치로 당긴다.

위이이잉

갯벌과 달리 작업장(yard) 바닥은 미끄럽지 않기 때문에 물을 뿌려 선체를 미끄러지게 한다.

또
왔구먼.

꼬마야, 뭐해?
얼른 밸브
열지 않고.

이렇게 조각이 난 채 작업장으로 옮겨진 선체는 러픽 같은 절단공 손에
철판으로 잘려 최후를 다하게 된다.

어이, 벨랄!
얼른 올라가서 위에서부터
이 괴물을 없애버리자고.

첫 번째 사고

이곳에 온 지 한 달이 지나면서 우리는 좀 편안해졌다. 작업 과정은 늘 위태위태했지만 노동자들은 친절했고, 우리에게 취재 허가를 내준 사업주는 별다른 간섭을 하지 않았다.

다른 사업장에도 들어가 보고 싶은 마음이 간절했지만 보안이 워낙 철통 같아서 불가능했다.

대신 밀물이 들어온 낮에 배를 타고 시달푸르 해변을 둘러보기도 했고, 인근 어촌 마을을 방문하기도 했다.

어촌 마을은 사업장 바로 근처에 위치했다. 좁은 길을 지나 대나무 다리를 건너면 작은 마을이 등장한다.

이곳엔 선박해체소에서 구매한 구명보트가 잔뜩 있었다.
대형선박에서 나온 이 보트는 이들의 어업에 사용된다.

낯선 사람들의 방문이 신기한지 우르르 몰려나와 구경하는 마을 꼬마들.

마을은 선박해체소에 비하면 한결 여유 있는 분위기였다. 우리 촬영팀은 어망을 고치는 어부를 인터뷰했다.

무나 씨, 저기 어부 인터뷰를 부탁해요. 촬영팀, 빨리 촬영 준비하죠.

이곳을 기록하기 위해 한국에서 온 우리 취재팀은 다국적으로 구성돼 있었다. 연출자인 감독, 촬영감독, 조감독은 한국인이고, 현지인인 자히드 무나가 통역을, 장기르가 동시녹음을 맡았다.

그림을 그리는 나는 감독님의 추천으로 동행하게 되었다. 덕분에 촬영팀이 취재를 하는 동안 주변을 기웃거리며 이것저것 관찰하고 스케치하는 호사를 누릴 수 있었다. 마을에서 나는 아이들을 그려주며 어부의 말에 귀를 기울였다.

마을의 여유로움 뒤에는 숨은 이야기들이 있었다. 한때 치타공은 활발한 어업 도시였다고 한다. 하지만 치타공 앞바다에 선박해체소가 들어서면서 물고기가 많이 사라졌고, 지금은 아주 적은 수의 어촌만이 남아 겨우겨우 생활을 이어가는 형편이라고 했다.

마을에서 바다를 향해 눈을 돌리면 선박해체소의 커다란 폐선들이 수평선을 가로막고 있었다. 어부들은 저 배들을 바라보며 어떤 생각을 하고 있을까?

그날 우리는 꽤 바쁘게 움직였다. 오전에 마을을 취재한 뒤 선박 해체 작업 과정을 담기 위해 급하게 작업장으로 돌아왔다.

평소보다 굵은 쇠줄을 메고 갯벌로 향하는 와이어 그룹을 카메라에 담은 후

해체 중인 선박 위로 잽싸게 이동해, 무거운 와이어를 끌어올려 높은 선박 구조물 끝에 연결하는 장면까지 촬영했다.

위에서 더 세게 당겨!

선박에 연결해 선박을 당기거나 절단하는 역할을 하는 쇠줄은 그 굵기와 무게가 상당하다. 이 쇠줄을 배의 가장 높은 곳으로 올리기 위해, 쇠줄의 끝을 밧줄로 연결한 다음 위에선 당기고 아래에선 밀어준다.

무거운 쇠줄을 한 손에 쥐고 10미터 가까이나 되는 선박 외벽에 매달려 있는
노동자들의 모습은 바라보기만 해도 정신이 아득해질 정도다.

끼꺽 끼꺽ㅡ

떨어뜨릴 선박 구조물에 쇠줄을 연결했으니 이제 윈치로 당길 차례다.
촬영팀은 이 모습을 생생하게 담기 위해 갯벌에 자리를 잡았고,
나는 이 모습을 윈치에서 바라보았다.

더 가까이
갑시다!

촬영팀은 더 생생한 장면을 위해 조금씩 선박 가까이로 다가갔고,
이를 본 윈치 운전수가 작업반장인 술탄에게 제재를 요청했다.

반장, 촬영팀이
너무 가까워요.
저러면 못 당겨요!

알겠어!
물러나라고
할게.

어이! 촬영팀!
뒤로 물러나!
선박에 너무 가까워.
깔려 죽고
싶어?!

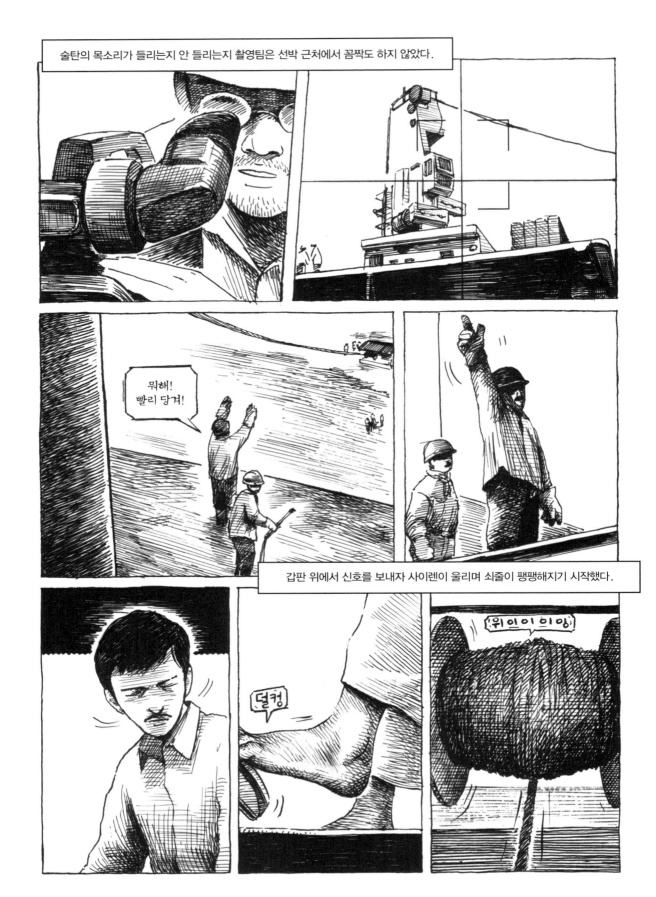

술탄의 목소리가 들리는지 안 들리는지 촬영팀은 선박 근처에서 꼼짝도 하지 않았다.

뭐해!
빨리 당겨!

갑판 위에서 신호를 보내자 사이렌이 울리며 쇠줄이 팽팽해지기 시작했다.

덜컹

위이이이잉

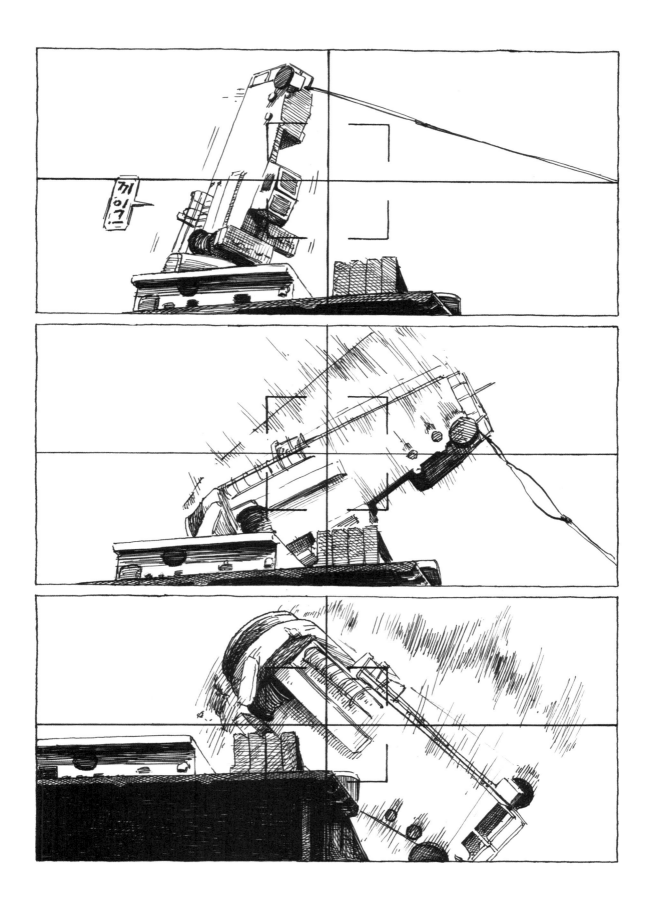

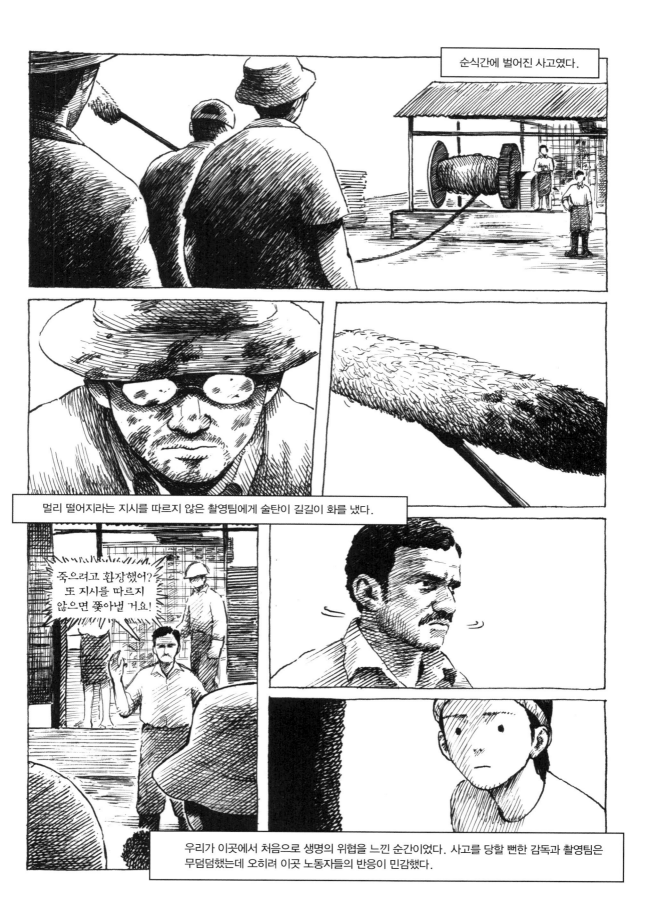

순식간에 벌어진 사고였다.

멀리 떨어지라는 지시를 따르지 않은 촬영팀에게 술탄이 길길이 화를 냈다.

죽으려고 환장했어? 또 지시를 따르지 않으면 쫓아낼 거요!

우리가 이곳에서 처음으로 생명의 위협을 느낀 순간이었다. 사고를 당할 뻔한 감독과 촬영팀은 무덤덤했는데 오히려 이곳 노동자들의 반응이 민감했다.

매 순간 삶과 죽음의 경계를 넘나드는 이들이기에 죽음을 더 민감하게 느끼는 걸까?
이곳 노동자들에겐 위험을 감지하는 촉수가 있는 것처럼 보였다.

선박 구조물이 기우뚱하며
촬영팀을 덮치려는 걸 보고
쇠줄을 최대한 빠르게 당겨 낙하
방향을 바꿨소. 조금만 늦었어도
큰일날 뻔했지!

윈치 운전수의 설명을 듣고 나니 뒤늦게 아찔함과 안도감이 동시에 몰려왔다.
우리는 그렇게 첫 번째 위기를 넘겼다.

두 번째 사고

그림을 그리는 나는 이것저것 관찰하기를 좋아한다. 윈치 옆에 자리를 잡고 앉아 있으면 노동자들의 다양한 모습을 관찰할 수 있었다.

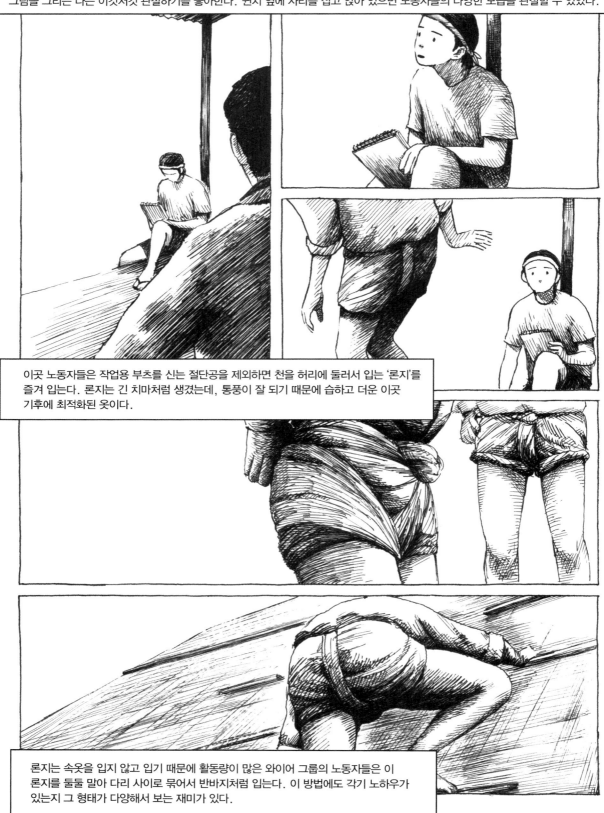

이곳 노동자들은 작업용 부츠를 신는 절단공을 제외하면 천을 허리에 둘러서 입는 '론지'를 즐겨 입는다. 론지는 긴 치마처럼 생겼는데, 통풍이 잘 되기 때문에 습하고 더운 이곳 기후에 최적화된 옷이다.

론지는 속옷을 입지 않고 입기 때문에 활동량이 많은 와이어 그룹의 노동자들은 이 론지를 둘둘 말아 다리 사이로 묶어서 반바지처럼 입는다. 이 방법에도 각기 노하우가 있는지 그 형태가 다양해서 보는 재미가 있다.

노동자들이 집에서 갖고 오는 도시락통도 흥미롭다.

덜컹

둥근 형태에 3단으로 돼 있는 도시락통인데 굉장히 실용적이었다.
우리도 같은 도시락통을 구해 노동자들과 함께 점심을 먹고는 했다.

그리고 까마귀들. 이곳 까마귀들을 관찰하다 보니 이들이 철사를 물고 있는 모습을 자주 목격할 수 있었다.

바닥에 떨어진 철사를 물고 어디론가 날아가 버리는 까마귀들. 이들은 이 철사를 모아서 어디에 쓰려는 걸까?

하지만 그 어떤 것보다 내 관심을 끄는 것이 있었으니…

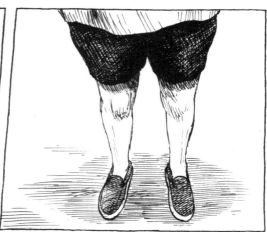

바로 이 그림이다.

작업장 여기저기에 누군가 그려놓은 그림들.

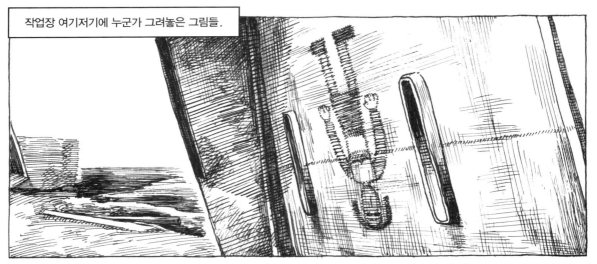

그림의 소재는 주로 여자다. 아주 단순한 선이지만 생동감이 느껴지는 게 몇몇 그림은 마티스를 연상케 했다.

도대체 이 멋진 그림들은 누가 그려놓은 걸까?

그림에 정신이 팔려 작업장 여기저기를 돌아다니다가 그림이
그려진 배의 일부를 잘라내고 있는 벨랄을 발견했다.

마침 촬영팀도 이 모습을 촬영 중이었고, 주변 노동자들도
촬영을 구경하기 위해 모여 있었다.

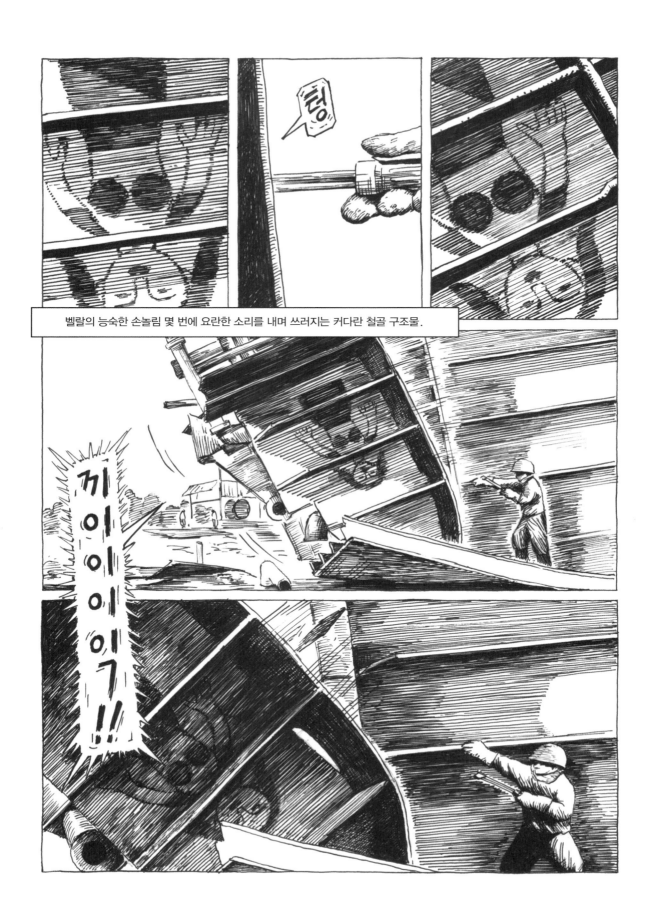

벨랄의 능숙한 손놀림 몇 번에 요란한 소리를 내며 쓰러지는 커다란 철골 구조물.

뭔가 불안했던 걸까? 순간 벨랄의 시선이 위를 향하는가 싶더니 갑자기 커다란 파이프들이 쏟아져 내렸다.

쿠웅

벨랄의 코앞에 내리찍듯 떨어지는 파이프.
비명을 지른 것은 벨랄이 아니라 우리였다.

그리고 언제더라?
지난 금요일이었나?
드디어 아기를 낳았어요.

딸이래요.
아주아주 예쁜….
그런데…

그런데 두 눈이
다 안 보인대요.

그 소식 듣고 매일 밤마다
혼자 울어요. 생각하면
자꾸만 눈물이 나요.

좋은 음식을 못 먹여서 그런 것 같아요.
영양부족으로…. 전부 저 때문이에요.
다… 제 잘못이에요.

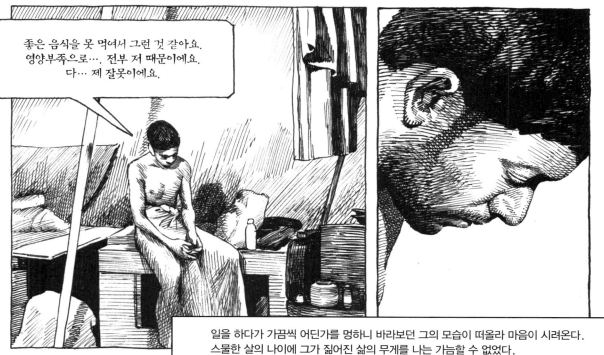

일을 하다가 가끔씩 어딘가를 멍하니 바라보던 그의 모습이 떠올라 마음이 시려온다.
스물한 살의 나이에 그가 짊어진 삶의 무게를 나는 가늠할 수 없었다.

143

선박 해체 과정

ㅣ재활용

유조선 '세인트 니콜라스 호'가 도착한 지 20일째. 인근에서 많은 사람들이 모여들었다.

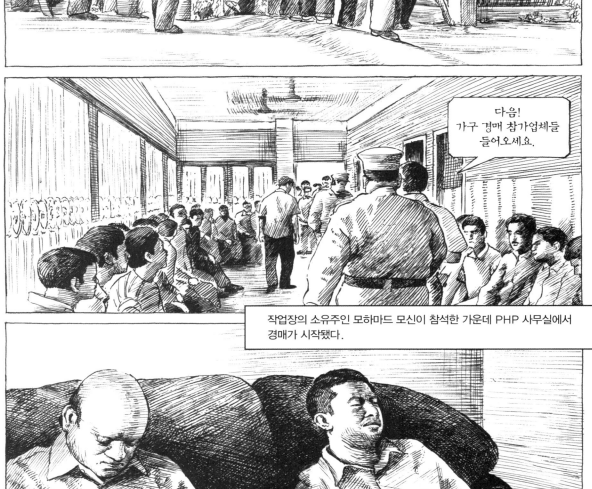

다음!
가구 경매 참가업체들
들어오세요.

작업장의 소유주인 모하마드 모신이 참석한 가운데 PHP 사무실에서
경매가 시작됐다.

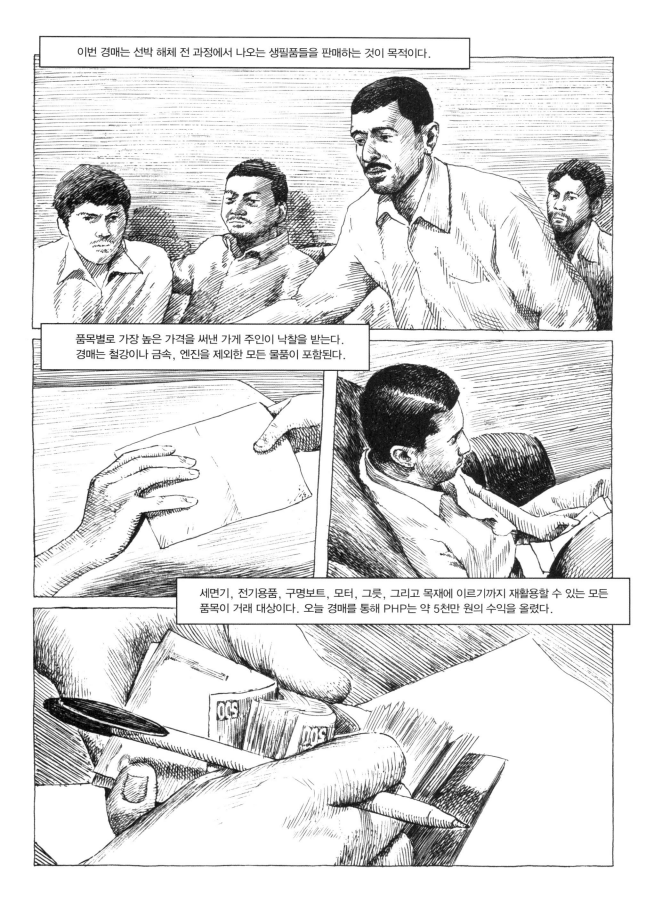

이번 경매는 선박 해체 전 과정에서 나오는 생필품들을 판매하는 것이 목적이다.

품목별로 가장 높은 가격을 써낸 가게 주인이 낙찰을 받는다.
경매는 철강이나 금속, 엔진을 제외한 모든 물품이 포함된다.

세면기, 전기용품, 구명보트, 모터, 그릇, 그리고 목재에 이르기까지 재활용할 수 있는 모든
품목이 거래 대상이다. 오늘 경매를 통해 PHP는 약 5천만 원의 수익을 올렸다.

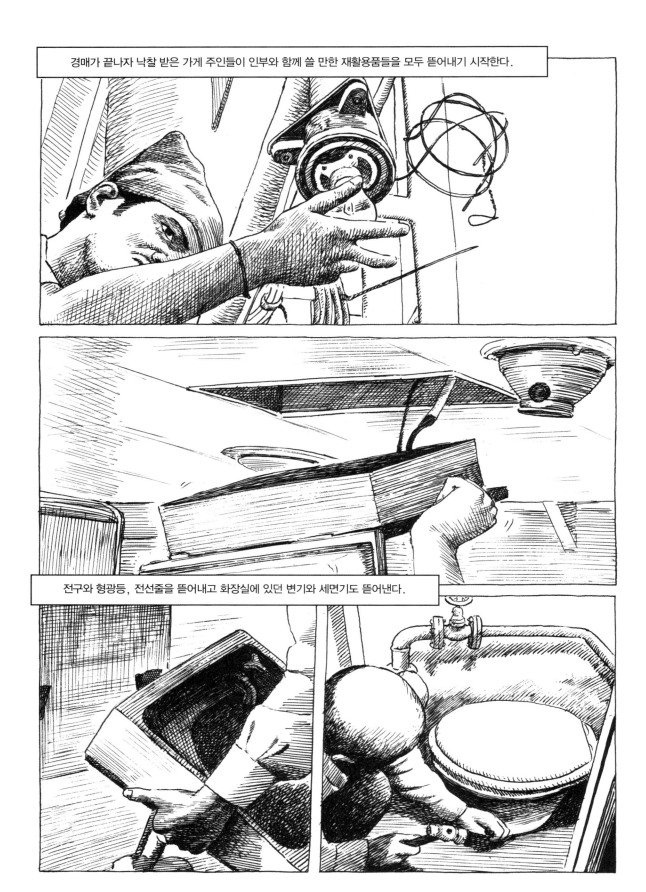

경매가 끝나자 낙찰 받은 가게 주인들이 인부와 함께 쓸 만한 재활용품들을 모두 뜯어내기 시작한다.

전구와 형광등, 전선줄을 뜯어내고 화장실에 있던 변기와 세면기도 뜯어낸다.

식당칸에 있던 그릇, 냄비, 냉장고를 비롯해 구명보트 4대가
내려지고 페인트와 도료, 가구와 문짝까지…

버리는 것이 하나도 없다. 이 폐선에서 버리는 것은 단 하나였다.
바로 화장실에 있는 사람의 똥! 심지어 화장실 휴지마저도 버리지 않는다.

폐선에서 흘러나온 기름 한 방울도 버리지 않고 드럼통에 모아 판매한다.
그래서 노동자들은 그 독한 기름을 맨손으로 주워담아야 한다.

이 노동자들의 손이 없었더라면 해마다 폐기되는 수백 척의 선박들을 어찌할 수 있었을까?

선박해체소 밖, 방글라데시 수도 다카로 이어지는 국도 주변에는 수백 개의 재활용품 가게들이 들어서 있다.

모두 폐선에서 뜯어내 가져온 물품들이다.

대형선박들은 항해시 바다 위에 떠 있는 시간이 상당히 길기 때문에 생활에 필요한 모든 것이 선박 안에 갖춰져 있다. 그 모든 것이 이곳에서 팔려나가 방글라데시 전국 각지로 흩어진다.

선박에서 수거해온 가구를 판매하는 가구점. 상태가 좋은 가구는 그대로 팔고, 좋지 않은 가구는 수리해서 팔거나 목재로 판다.

깨끗이 씻어서 판매되는 변기는 사용했던 흔적이 보이지 않을 정도다. 생활용품 외에도 온갖 산업용품이 이곳에서 판매된다.

오로지 이곳에서만 할 수 있는, 가난이 만들어낸 '완벽한 재활용'이다.

하지만 이곳에서 가장 중요한 재활용품은 철이다.

선체의 95퍼센트는 연강(Mild Steel)으로 이루어져 있는데 녹여서 재활용할 수 있다.

국토의 대부분이 범람 지대라 철광석이 전혀 생산되지 않는
방글라데시에서 이 고철은 너무도 소중하다.

어이! 뭣들 하는 거야!
똑바로 들란 말이야,
자식들아!

선박해체소 인근에는 크고작은 제련소들이 있다. 대부분의 철판은 커다란
제련소로 옮겨져 H빔이나 철강판으로 재생된다.

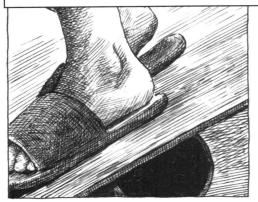

슬리퍼 차림으로 시뻘겋게 달궈진 철근 사이를 뛰어다니는 노동자들의 모습이 경이롭다.

소규모의 제련소에서도 철판을 프레스로 자른 다음 녹여서 철근을 만들어낸다.
철판보다 작은 고철덩이 역시 하나도 버려지지 않고 철근으로 다시 태어난다.

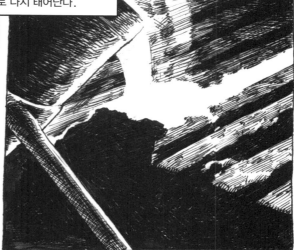

방글라데시는 철강의 약 60퍼센트를 이들 선박해체소에서 공급받고 있다.

고향을 떠나온 아이들

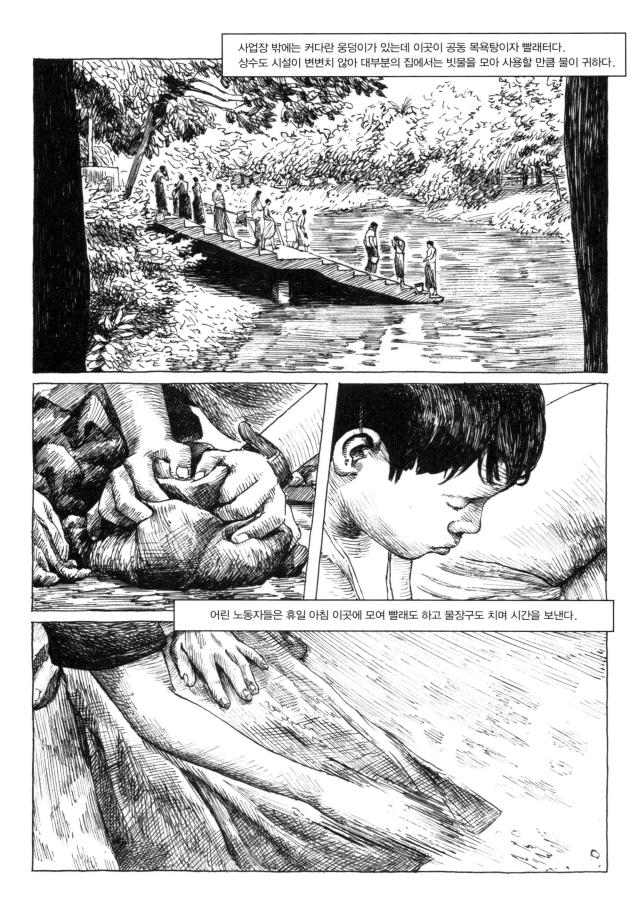

사업장 밖에는 커다란 웅덩이가 있는데 이곳이 공동 목욕탕이자 빨래터다.
상수도 시설이 변변치 않아 대부분의 집에서는 빗물을 모아 사용할 만큼 물이 귀하다.

어린 노동자들은 휴일 아침 이곳에 모여 빨래도 하고 물장구도 치며 시간을 보낸다.

이 어린 노동자들은 공통점이 하나 있다.

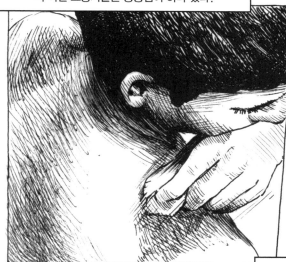

어깨에 팬 상처. 쇠줄을 메고 갯벌에 드나들면서 생긴 흔적이다.

목욕과 빨래를 마친 뒤 돌아온 숙소. 젖은 옷가지가 주렁주렁 매달려 있다.

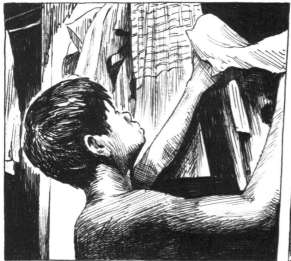

몇몇 노동자들이 갈라진 발바닥에 기름을 바른다.

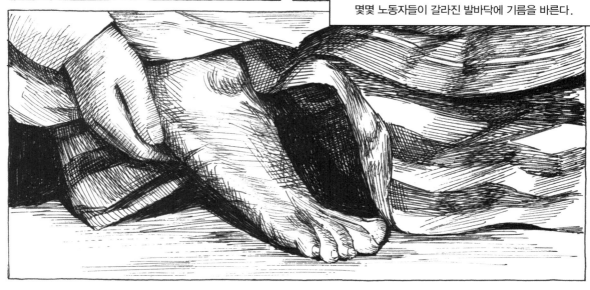

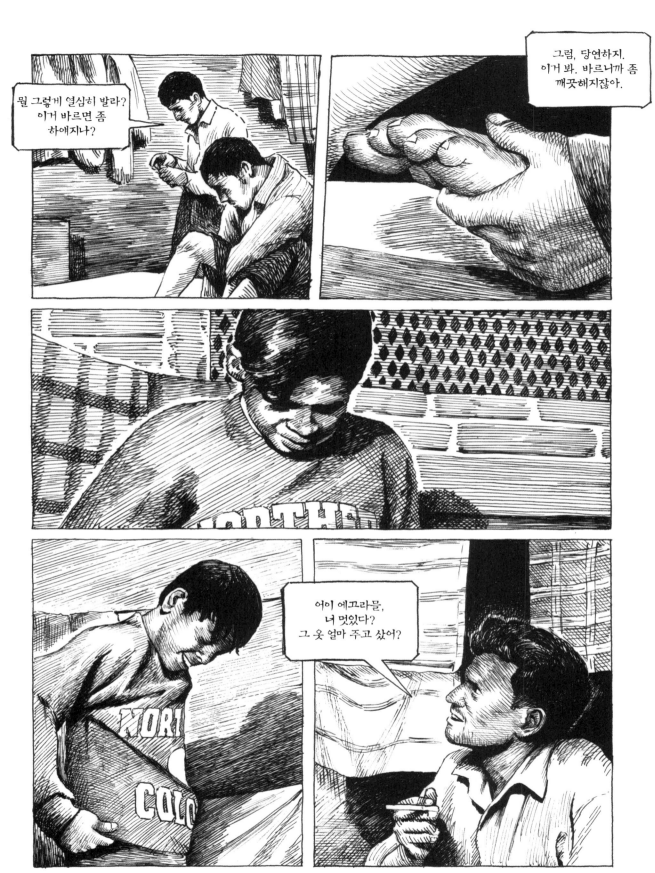

얼마 안 줬어요,
80타카.

뭐, 80타카?
거의 하루 일당인데 너무
비싼 거 아냐? 고맹이가
멋은 내서 뭐하게?

됐어요.
저 졸려요.

이 아이들은 모두 내가 고향에서
데려왔어. 우리 고향은
가난해서 살 수가 없거든.

내가 고향에 가서 아이들을
데려오면 회사에서 1인당
20타카씩 줘.

누구는 커미션이라 하고,
누구는 돈 뜯어먹는 놈이라고 해.
하지만 나도 남는 거 하나도 없어.

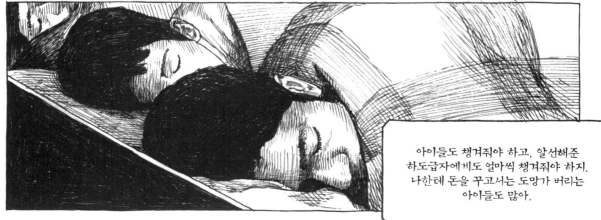

아이들도 챙겨줘야 하고, 알선해준
하도급자에게도 얼마씩 챙겨줘야 하지.
나한테 돈을 꾸고서는 도망가 버리는
아이들도 많아.

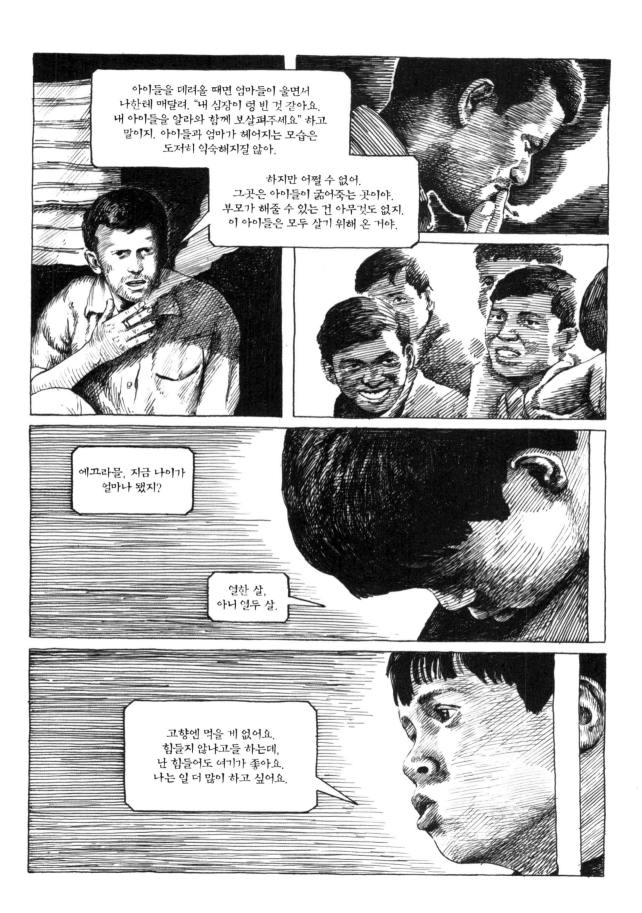

아이들을 데려올 때면 엄마들이 울면서
나한테 매달려. "내 심장이 텅 빈 것 같아요.
내 아이들을 알라와 함께 보살펴주세요" 하고
말이지. 아이들과 엄마가 헤어지는 모습은
도저히 익숙해지질 않아.

하지만 어쩔 수 없어.
그곳은 아이들이 굶어죽는 곳이야.
부모가 해줄 수 있는 건 아무것도 없지.
이 아이들은 모두 살기 위해 온 거야.

에그라물, 지금 나이가
얼마나 됐지?

열한 살,
아니 열두 살.

고향엔 먹을 게 없어요.
힘들지 않냐고들 하는데,
난 힘들어도 여기가 좋아요.
나는 일 더 많이 하고 싶어요.

석면을 맨손으로 쓸어담고 있는 에끄라믈. 이 꼬마는 본능적으로
이곳에서의 생존법을 알고 있는 듯했다.

어려서 뒤처지는 것처럼 보이지 않도록 악착같이 일했고,
가급적 관리자들의 눈에 띄지 않으려 했다.

이곳에서도 열네 살 미만의 노동자를 고용하는 것은 불법이기 때문이다.

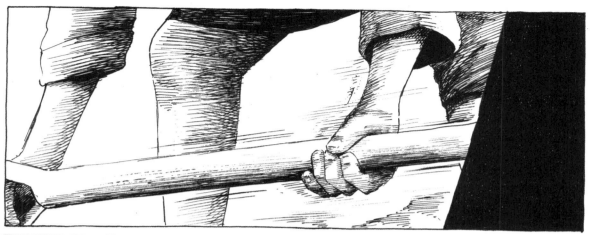

뭐야? 이 꼬맹이는!
누가 얘들한테 일 시킨 거야!!

어이 알람,
또 당신이야?

일을 해야
먹고살지!

아직 일할 나이가 안 됐잖아!
지금 당장 여기서 내보내!

뭔 소란이야.
말대꾸하지 말고
내보내!

얘들은 일하고 싶어서 하는
줄 알아? 일 안 하면 당신이
밥 먹여줄 거야? 얘들,
집에 갈 차비도 없어!

왜 어리면 일을
못해요? 지금 하고
있잖아요!

너 임마, 이름이 뭐야?
지금 당장 여기서 나가!
이제 일해봤자 소용없어!

알람, 내가 분명히 얘기했어!
이 아이 돌려보내지 않으면
당신도 당장 해고야.
알아서 해!

한바탕 소란이 벌어진 후 에끄라믈은 보이지 않았다.

알람은 에끄라믈을 돌려보낸 것일까?

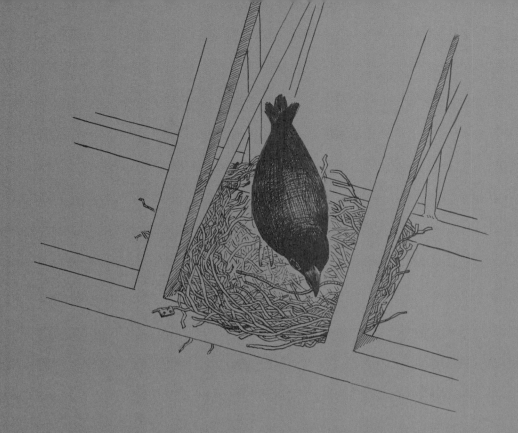

철까마귀

오늘은 임금을 받는 날이다. 임금은 한 달에 두 번 나눠 준다. 노동자들은 그 방식에 불만이지만, "한 달치를 주면 고향으로 돌아가 버려서 안 된다"는 것이 관리자의 답변이었다.

손도장을 찍고 임금을 지급한다. 노동자들이 간식을 먹거나 차를 마시는, 사업장 맞은편 가게에서의 외상금을 우선 공제하고 나머지가 지급된다.

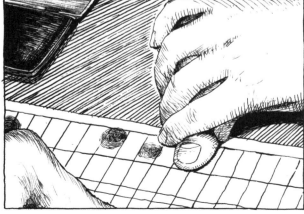

오늘 러픽이 손에 쥔 돈은 단돈 1,000타카(13달러).

우리가 어떻게
일하는데… 우리
돈을 떼먹어?

휴… 지금 고민 중이야.
이걸로 외상을 갚아야 할지,
아니면 우선 아이들을
먹여야 할지…

돈을 받은 형제의 표정이 대조적이다. 기뻐하는 라흐만, 뭔가를 골똘히 생각하는 벨랄.

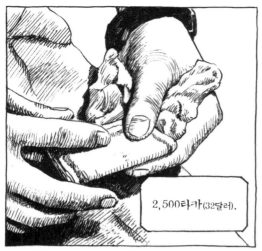

2,500타카(32달러).

휴… 그래,
이거면 괜찮은 거야.
괜찮아….

치익

여름에서 가을로 넘어가는 즈음엔 소소한 변화들이 있었다.

어이!
좀 적응됐어?
무리하지는 마.

슬픈 소식을 듣고도 고향에 가지 못하고 있던 벨랄. 그는 야간조에서 일을 시작했다.

야간조는 하루 5타카를 더 벌 수 있기 때문이다.

그리고 얼마 후 형제는 사업장 안의 숙소를 떠나 근처에 따로 방을 구했다.

에끄라믈은 보이지 않았고, 얼마 후 알람은 고향으로 향했다.
사람들은 알람이 곧 결혼할 거라 했다.

악달 팀이 작업하던 화물선은 완전히 흔적이 사라졌고, 멀리 방치돼 있던
아크틱 호의 해체 작업도 시작되었다.

나도 이곳 풍경에 슬슬 익숙해졌을 무렵,
그 놀라운 광경을 보여준 것은 라흐만이었다.

저기 좀
봐요!

저 크레인 위를 좀 보세요.
까마귀들이 철사를 모아
둥지를 만들고 있어요.

노동자들은 이 까마귀를 '로하깍'이라 불렀다.

벵갈어로 '로하'는 철, '깍'은 까마귀. 바로 '철까마귀'다.

© Saiful Huq Omi / Counter Foto

슬픈
귀
향

마침내 벨랄은 고향으로 향했다.

치타공에서 수도인 다카를 거쳐 다시 북부의 보구라까지 향하는, 멀고 먼 2박 3일의 여정.
형제에게는 반년 만의 귀향이다.

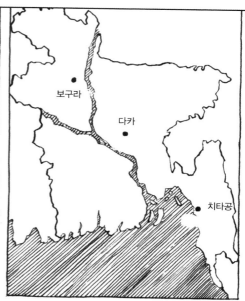

보구라

다카

치타공

이 나무다리만 건너면 마침내 벨랄과 라흐만의 고향 마을에 도착한다.

마을 입구에 나와 형제를 맞이하는 가족들.

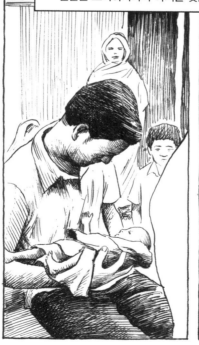

벨랄은 도착하자마자 아기를 찾는다. 마침내 딸을 품에 안아보는 벨랄.

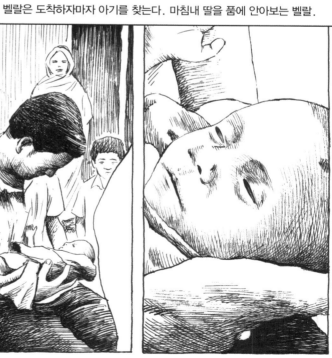

안개가 자욱히 내려앉은 아침. 벨랄의
아내가 아궁이에 불을 지핀다.

그 모습을 물끄러미 바라보는 벨랄.

손 좀 보여줘….
일해서 손이 많이
거칠어졌네.

일하는 게 힘들지?

당신을 치타공에
데려가고 싶은데…
어때?

같이 갈래?
솔직히 말해봐.

함께 살려고 방까지
얻어놨어…. 내가 떠나면
울 거잖아.

당신도 함께 가고 싶잖아.
내가 다 구경시켜 줄게.
배를 어떻게 자르는지….

196

하지만 이 땅은 그들의 것이 아니다. 부패한 정치 구조 탓에 극소수의 지주들이 땅을 차지하고 있고, 다수의 농민은 소작농 신세를 면치 못하고 있다.

과밀한 인구와 부패한 정치…. 하지만 가장 무서운 것은 자연이다. 겉으로 보기엔 풍족해 보이지만 실상 이 땅에서 농사를 짓는 일은 거의 불가능하다.

한 해에 반드시 한두 번은 사이클론이 지나가고, 그 여파로 엄청난 대홍수가 일어난다. 대홍수가 지나가면 그 후엔 대기근이 전국을 덮친다. 이런 일이 해마다 반복된다.

이곳 생활이 어떠냐고? 평생 힘들게 살아왔고, 한순간도 행복하지 않아.

내 아들이 고향을 떠나며 이렇게 말했어. "엄마, 돈 없이 어떻게 운명이 바뀌겠어요?"

그러고는 그 고생길을 떠난 거야. 하지만 어쩌겠어. 여긴 땅도 없고 돈도 없어. 남편은 날품팔이 신세지.

하루하루 겨우 버티는 거야. 알라의 가호? 그건 우리에겐 없어.

한밤중, 벨랄의 방. 벨랄은 떠나기가 아쉬운지 연신 아기를 어루만진다.

언제 갈 거야?

며칠 쉬었으니 곧 가야지.

이번에 가면 또 언제 올 수 있어?

자주 오기 힘들어. 차비가 비싸.

아기를 다카에 있는 병원에 데려가 보고 싶은데… 돈이 없네….

며칠 뒤, 벨랄 형제가 떠나는 날 아침. 집안이 분주하다.

울지 마라, 벨랄.
네가 불행한 걸 어떻게 하겠니….
이겨내야 한단다.

형, 이제 슬슬 떠나야 해.

그래.

갈게….
엄마, 저희 가요.

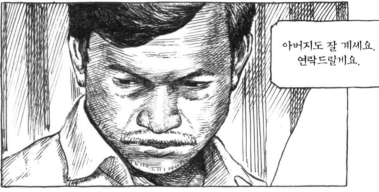

아버지도 잘 계세요.
연락드릴게요.

날마다 너희 생각에
잠을 잘 수 없단다.

잘 가라….

이곳을 떠나면서 우리는 벨랄의 아이를 다카의 한 병원에 데려갔다.

그곳에서 아이 눈은 고칠 수 있지만 심장이 너무 약해서 지금은 수술이 불가능하고,
1년이 지나면 수술을 해도 소용이 없다는 이야기를 들었다.

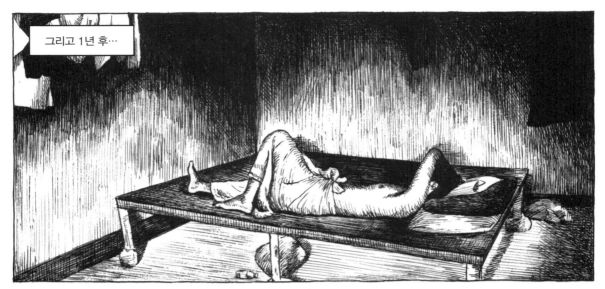

그리고 1년 후…

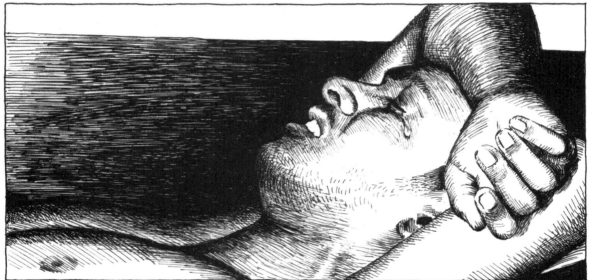

우리는 벨랄의 아이가 죽었다는 소식을 들었다.

다시 찾은 치타공

1년 후, 우리는 치타공을 다시 찾았다.

여전히 역동적인 기운으로 가득한 이곳.

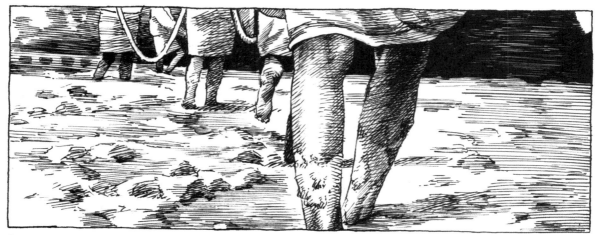

우리는 쇠줄을 나르는 노동자들 가운데 익숙한 얼굴을 발견했다.

벨랄의 아버지다.

여기 온 지
두 달 됐어.

아들 둘이 여기서 일하잖아.
마을 사람들과 함께 왔어.

아직 많이 힘들지.

하지만 조금 지나면 괜찮아질 거야.
견뎌야지….
아들들도 이겨냈는데.

와이어 그룹을 이끌던 알람은 그사이 고향에서 결혼을 했다.

우리 안 보고 싶었어?
장가갔다며….
축하해!

장가갈 때 지참금 받는 거
나쁜 거 알지?

하나도 안 받았어요.

촬영팀을 발견하고 가볍게 눈인사를 한다.

이것 봐, 알람 색시야.
아주 예쁘네!

이 열세 살 소년의 눈빛은 이제 아이의 것이 아니었다.

돈 세는 일이 얼마나
행복한지 아세요?

러픽의 집에서는 한창 아기의 세례 의식이 진행 중이었다.

기쁘지, 기뻐···.
내 나이 오십 넘어 낳은
셋째 아들이야.

자식들을 보고 있으면 행복해.
아이들이 내 인생의 희망이야.

내 아버지는 정신이상자였어.
그러니 어떡해? 내가 어려서부터
가족을 먹여살려야 했지.

어려서부터 안 해본 일이 없어.
그러다가 대도시로 나가서
인력거를 끌었어.

그런데 어느 날, 딸이 그러더라고.
인력거를 끄는 나를 자기 친구들이 볼까 봐
걱정된다고, 창피하다고….

그 뒤로는 여기 일만 해.
여기서 일하고 주말에 나무를 하면
그래도 먹고살 만해.
여긴 그나마 벌이가 괜찮은 편이니까.

배 덕분에 우리가 먹고사는 거야.
배는 알라가 우리에게 주신 선물이야.
이 일은 나의 운명이고….

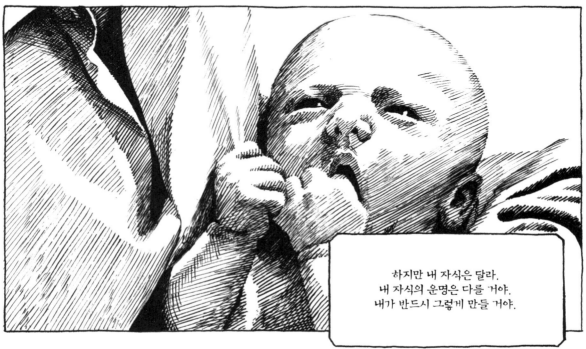

하지만 내 자식은 달라.
내 자식의 운명은 다를 거야.
내가 반드시 그렇게 만들 거야.

벨랄과 라흐만은 여전히 야간조로 일하고 있었다.

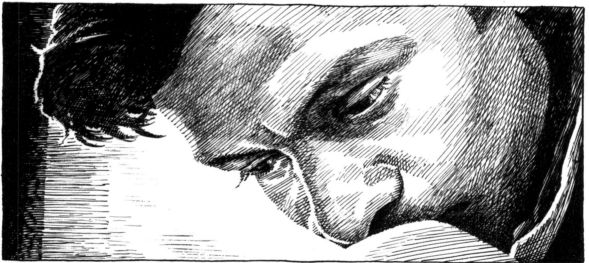

반갑게 인사를 건넸지만, 그는 더 이상 예전의
맑은 웃음을 가진 청년이 아니었다.

멍하니 허공을 바라보던 벨랄. 그의 눈에는 무엇이 비치고 있었을까?

우리가
만난,

'철의
노동자'들

방글라데시 최초의 선박

1965년 강력한 사이클론이 방글라데시 치타공 해안을 강타하면서
그리스 선박 MD Alpine이 해변에 좌초하는 '우연한 사건'이
발생한다. 얼마간 방치되어 있던 이 선박을 Chittagong Steel
House라는 회사가 구매하여 해체를 시작했다. 또한 1971년
방글라데시가 파키스탄으로부터 독립전쟁을 벌이던 와중에
파키스탄 선박 Al Abbas가 폭탄에 침몰하는 사건이 발생하는데,
Karnafully Metal Works라는 회사가 폭침된 선박을 인양하여
해체하기 시작한다. 철광석이 전혀 매장되어 있지 않은 방글라데시
사람들에게 '거대한 고철덩이'인 폐선박은 철강을 얻을 수 있는 '신이
내린 선물'이었으니, 이것이 방글라데시 최초의 선박해체산업의
시작이다. 이후 1980년대를 거치면서 치타공은 전 세계
선박해체산업의 중심지로 발돋움하게 되었다.

절단공들의 도구, 토치

선박해체소에서 철판을 절단하는 노동자들을 '가스 커터(Gas
cutter)'라고 부르는데, 토치(Blow torch)라 불리는 절단 도구를
사용한다. 흔히 철판을 녹여서 절단하는 것이라고 생각하기
쉽지만 실제는 철판을 산화시켜서 불어내는 것이다. LPG가스와
산소(Oxygen)를 혼합한 뜨거운 불꽃으로 철판을 가열한 후 산소
밸브를 순간적으로 열면 고압의 압력으로 인해 산화된 철이 불꽃에

섞여 아래로 쏟아진다. 숙련공들은 철판의 두께와 종류에 따라
가스의 압력과 토치의 움직임 속도를 부드럽게 조절한다. 치타공에서
목격한 최대치의 철강 절단 두께는 약 1미터였다.

토치

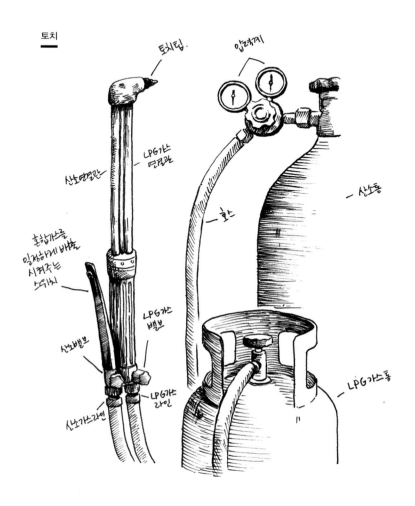

PHP 선박해체소와 시탈푸르 해변

치타공 시내에서 차로 약 15분쯤 거리에 위치한 PHP 선박해체소.
출입은 엄격하게 통제되고 있으며, 허락 없이는 어떠한 카메라나
휴대전화도 가지고 들어갈 수 없다. 그리고 국도를 중심으로
노동자들의 거주지와 소규모 제련소, 재활용 가게 등이 분포해 있다.
이 국도를 따라 선박에서 재활용된 철을 비롯해 수많은 재활용
물자가 전국으로 운반된다. '신이 내린 해변'이라 불리는 시탈푸르

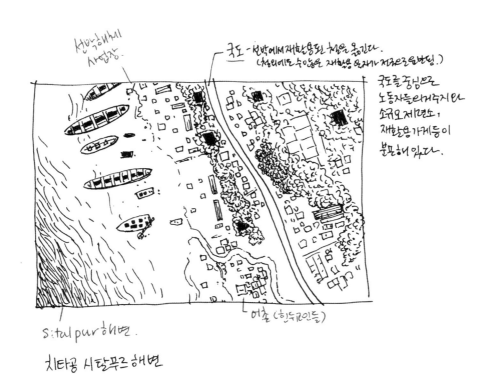

선박해체 사업장.

국도 - 선박에서 재활용된 철을 옮긴다.
(철외에도 수 있는 재활용 물자가 전국으로 운반됨.)

국도를 중심으로
노동자들의거주지와
소규모제련소,
재활용가게등이
분포하여있다.

Sital pur해변.

치타공 시탈푸르 해변

어촌 (힌두교인들)

떠내려오는곳

철판 집하장.

경비원자 사무소.

노동자들에게
차와 간식을 판매하는
가게

공동세탁장
(옷은빨래등을해다)

정육.

원치:
배가 멀리정박
해올때 끌어오기위한

간이식당.
우울가.
(멍포)

노동자숙소
(사방장밖에독립해서살거못하는
우리-주로어린이들)

PHP 선박해체소

벨랄

절단공 러픽

벨랄·라흐만 형제

벨랄과 그의 아내

악달과 촬영감독

아이들을 데리고 온 알람

열세 살의 어린 노동자 에끄라믈

노동자들의 숙소

정문을 지키는 경비원들

해변은 길이 10킬로미터에 이르는 너른 해안과 완만한 갯벌로
폐선박이 정박하기에 최적의 조건이다.

어린 노동자들의 생활

선박해체소는 계속해서 증가하고 있다. 현재 100여 개 사업장에서
5만여 명의 노동자들이 직접 고용되어 있으며, 연관된 사업(제련소,
재활용 가게 등)까지 포함하면 약 15만 명이 선박해체산업으로
먹고산다. 노동자 대부분은 젊은이들인데 18~22세 사이가 약
40퍼센트를 차지한다. 그리고 18세 미만의 노동자들이 10퍼센트에
이른다. 어린 노동자들은 대부분 가난한 북부 지역에서 돈을 벌기
위해 왔다. 이들은 성인 노동자들과는 달리 선박해체소 밖에서 따로
생활할 능력이 없기 때문에 선박해체소 안에서 거의 모든 생활을
해결한다. 선박해체소 안에는 이들을 위한 숙소와 간이식당이
마련되어 있다.

　어린 노동자들이 열악한 환경에서 일하는 모습이 세계에
보도되면서 아동노동 문제로 여러 NGO 단체 등과 마찰이 생겼고,
이로 인해 선박해체산업이 안 좋은 이미지로 세계에 각인되었다.
그 이후부터 선박해체소에서는 어린 노동자의 고용을 꺼려하기
시작했다. 그러나 어린 노동자들이 먹고살기 위해서는 반드시
선박해체소에서 노동을 해야만 하는 게 현재 방글라데시의 현실이다.

우물가

식당.

공동 빨래터

윈치

재활용

선박의 해체 과정

수명을 다한 선박이 전속력으로 질주하여 해변에 정박(비칭)하고
나면 해체 과정을 밟는다.

첫 공정은 선박에 남아 있는 연료와 오일을 제거하는 일이다.
선박의 밑바닥에는 연료탱크가 있는데, 망치와 정을 이용해 철판에
구멍을 낸 다음 호스로 연료를 빼내어 드럼통에 담는다. 엔진룸에
있는 다량의 오일 역시 수거하여 재활용한다.

두 번째 공정은 숙련된 절단공들이 폐선에 올라 토치를 이용해서
선박의 몸통을 큰 덩어리로 잘라내는 일이다. 선체 내부를 오가며
이루어지는 이 작업은 위험투성이다. 잔존해 있는 기름이 토치에서
나오는 불꽃에 지글지글 타오르면서 작업 공간은 유독가스로 가득
차고, 절단 작업은 폭발사고로 이어지기 쉽다.

세 번째 공정은 견인 작업이다. 우선 큰 덩어리로 잘라낸 선체에
강철 와이어를 걸고, 윈치(견인기)를 이용해 이를 갯벌 쪽으로
잡아당긴다. 선박 해체 과정에서 기계를 사용하는 유일한 순간인데,
강철 와이어가 끊어질 경우 매우 위험하다. 요란한 소리를 내며
갯벌로 떨어뜨린 선체 덩어리를 다시 야적장으로 끌어내면 작업의
절반은 끝난 것이다.

최종 작업은 야적장에 올려진 선체 덩어리를 토치를 이용해
일정한 규격의 철판으로 잘라내는 일이다. 이렇게 확보한 철판은
제련소로 보내 산업용 철근이나 철강으로 재가공한다.

선박의 종류(유조선, 여객선)에 따라 해체 방식에는 약간의 차이가
있지만, 공통된 점은 '폐선박에서는 그 어느 것도 버려지는 것이
없다'는 사실이다. 철판뿐만 아니라 엔진을 비롯해 레이더, 구명보트,
심지어 화장실의 변기와 세면기마저 뜯어내 중고 물품으로 판매된다.
폐선박의 완벽한 재활용(Recycling) 과정이다.

그림 그리는 노동자

선박해체소의 여기저기에는 커다란 철판 위에 그려진 그림이
눈에 띈다. 그림의 소재는 주로 여자다. 풍만한 가슴, 투박한
미소가 단순하면서도 육감적이다. 마치 입체파 화가의 그림을
보는 느낌이랄까. 이 그림들은 누가 그린 것일까? 선한 미소를

그림 그리는 노동자 모닐

가진 서른 살의 절단공 모닐은 어렸을 때부터 그림 그리는 것을 좋아했다고 한다. "일하다가 심심하면 그린다. 여기는 남자들만 있는 곳이다 보니 여자 그림을 그리면 사람들이 좋아한다." 모닐이 그림을 그릴 때면 다른 노동자들이 이런저런 훈수를 두곤 했다. "여자 누드도 그려봐, 근사하게." "몸 모양을 잘 그려야 해." 폐선을 해체하는 이곳은 남자들만의 공간이다. 한참 이성에 호기심을 느끼는 10대 노동자부터 아직 결혼을 하지 못한 노동자들에 이르기까지 그들은 다양한 방식으로 욕망을 해소하곤 했다. 그들의 꿈은 '돈을 벌면 고향에 가서 예쁜 여자와 결혼하고 사는 것'이었다.

'치타공에서는 공기 중에 돈이 떠다닌다'

해체할 선박을 최대한 작업장 가까이 정박시키는 비칭 작업은 굉장히 중요한 작업이다. 선박이 해안에서 멀수록 작업 기간과 비용이 늘어나기 때문이다. 성공적인 비칭을 위해서는 갯벌에 바닷물이 가장 많이 차오를 때를 기다려야 하는데, 이를 위해 비칭 전문 선장과 선원들이 인근 바다에서 선박과 함께 대기한다. 시기가 맞지 않으면 선장과 선원들이 며칠 동안 선박 위에서 대기하기도 한다. 그런데 이 대기 시간에 관한 재미있는 이야기를 들을 수 있었다. 대기하는 선박에서 생필품과 음식 등을 팔아 큰돈을 벌고, 그 돈으로 선박해체소를 산 사람이 있다는 이야기였다. 믿기 힘든 이야기였지만 치타공은 그만큼 격동하는 도시였고, 기회의 땅이었다.

'치타공에서는 공기 중에 돈이 떠다닌다.' 방글라데시 사람들에게 떠도는 이야기다. 다만 그 돈이 보이지 않고, 설령 보인다 하더라도 그것을 잡을 도구가 없다는 사실이 우리가 본 치타공 노동자의 현실이었다.